未來趨勢學習 60

不是天才可以不凡

滕怡光◎著

高寶書版集團

未來趨勢學習 61

不是天才，可以不凡

作　　者　滕怡光
總 編 輯　林秀禎
編　　輯　尉遲佩文
出 版 者　英屬維京群島商高寶國際有限公司台灣分公司
Global Group Holdings, Ltd.
地　　址　台北市內湖區洲子街88號3樓
網　　址　gobooks.com.tw
電　　話　(02) 27992788
電　　傳　出版部　(02) 27990909　行銷部 (02) 27993088
郵政劃撥　19394552
戶　　名　英屬維京群島商高寶國際有限公司台灣分公司
初版日期　2007年01月
發　　行　高寶書版集團發行/Printed in Taiwan

國家圖書館出版品預行編目資料

不是天才，可以不凡 / 滕怡光著；-- 初版. --
台北市 : 高寶國際, 2007[民96]
面 ;　公分. --（未來趨勢學習；FU061）

ISBN　978-986-185-018-4(平裝)
1. 親職教育　2. 父母與子女

528.21　　　95023158

推薦語

張系國

滕怡光寫了這本親職教養的書，囑咐我做序。我因為前兩年從匹茲堡大學休假，到新竹工研院主持一項研究計畫，因而認識了怡光。

她在書中雖輕描淡寫，但以她的人品、容貌，當年嫁到「化外之地」的新竹，雖然不是到了蒙古，恐怕也相差不遠。可住著住著她也就逐漸適應了，尤其是有了一對可愛的兒女，兒子克谷英俊隨和，女兒可凡能文善譯，帶給她許多快樂。

當怡光告訴我她準備恢復寫作，我還以為她是說笑，不料轉眼連書都寫成了，可喜可賀！怡光的書可以當做親職教養的讀本，也可以看做一個敏慧女子成長心路歷程的浮光片羽。

二〇〇六年十二月十六日

（本文作者為知名小說家及美國匹茲堡大學教授）

CONTENTS

目錄

推薦序

平凡人，平凡事，平常心

林垂宙

「匹夫而為百世師，一言而為天下法」，這是蘇軾贊揚韓愈的話。當我小時候讀到這篇文氣鏗鏘，聲勢奪人的歷史巨作時，心裡的景仰，油然而生，不免有「大丈夫，當如是」的感覺。那時我讀書的範圍，常局限在修身克己、經國濟世的範疇裡。等到年行漸大，涉獵較廣，對於世道人心、歷史人物，開始有些懷疑的精神，覺得東坡居士的話，恐怕過於理想化，起碼該說是溢美了吧。韓昌黎的道德文章，固然有他獨到的特色和貢獻，究竟能否達到「文起八代之衰，道濟天下之溺」的境界，恐怕仍是見仁見智。有了這種感悟，我對一些慣作驚世駭俗的文人及他們驚魂奪魄的文章，不免有點失落的感覺。

慢慢的我讀書的興趣擴及其他的領域，比較能以攸閒恬淡的心情去欣賞許多不同的作品。不論是經史子集，或者是學術論著、專題評述，以至於詩歌、散文、隨筆、小說等，我常抱著探險家的心情去看待。在任何書本裡，每次發現一些前所未見，或想像所未及的事物或概念時，衷心喜悅，久久不息。近人或時人的作品，從梁實秋的「雅舍小品」，蔣夢麟的「西潮」，到柏楊、阿城、陳之藩、章貽和、以至於金庸、二月河的系列，我放在床頭或行囊中，常常隨手拈來，讀之又讀。我最喜歡的，是這些作品，都能以日常生活中的小事為起端，而展開、分析、表述、評論，讓讀者自己去嚼咀回味。許多理念和論述，時時可以發人深醒。

我所提到這些作者有一個共同的特色，他們不以黃鐘大呂的讜論，去發聾啟聵；或是用石破天驚的話，引起讀者的好奇。他們大都能像良朋晤對，細細的看，慢慢的說，所以回味起來，特別有意思。我很嚮往唐人常建所描述的境界：

清晨入古寺，初日照高林；曲徑通幽處，禪房花木深。
山光悅鳥性，潭影空人心；萬籟此俱寂，惟聞鐘磬音。

在這種安靜空靈、心曠神悅的境界下，還有什麼不能溝通的？

滕怡光的作品，大都是描述平和背景下的平凡事。作者所說的，不外是她的父母、子女、家庭、同事、寵物、花草等等。她嘗試以輕靈的意念、安詳的心情，把生活中的點滴，呈獻到讀者的面前。這些平常的人物，在她的筆下，都是生機活潑、趣味十足。王安石說：

看如平凡最奇絕，成如容易卻艱辛。

在這些故事背後，其實隱藏著多少艱辛體驗。而他善良的本性、熾熱的愛心、積極的實踐，和高尚的價值觀，我讀了之後，深深的受到感動。

在「怕怕的故事」中，她敘述對一隻流浪狗衷誠的關懷和細心呵護，在多人敵視中勇敢捍衛牠的安全，不折不撓的為牠安排一個歸宿。萬物與我共生，「民吾同胞，物與類也」的胸懷，在這裡表現得淋漓盡致。

進一步看，這種愛心，不就是人性的一部份嗎？孟子說「人皆有不忍人之心」，所以乍見孺子之將入於井，皆有怵惕惻隱之心。

由是觀之，

無惻隱之心，非人也；無羞惡之心，非人也；

無辭讓之心，非人也；無是非之心，非人也。

惻隱之心，仁之端也；羞惡之心，義之端也；

是非之心，智之端也。

人之有是四端，猶其有四體也。

有其四端而自謂不能者，自賊者也。

看到「怕怕的故事」，回想孟子的這一段話，我不禁驚呼，天啊，我們究竟是處在什麼時候，位於什麼地方啊！我們社會的是非之心、羞惡之心，哪裡去了？我們將如何教育下一代呢？道德的淪喪，影響的不只是政治環境的齷齪，更是對社會公義的蹂躪，對人性尊嚴的背叛，實在令人痛心疾首。所以當我看到作者為一個小動物所表現的惻隱之心和是非之心，並為維持人性尊嚴所做的努力，這種強烈的對比，引起我心裡的顫動，久久不能平息。

書裡令我產生共鳴，發出會心微笑的地方很多。在「管或不管」、「亂或不亂」的幾篇文章裡是一個例子。作者所描述夫妻子女之間的差異，是極為真實的。親如骨肉手足，每一個人都有獨特的個性、愛好、觀點和意志，是很難強求一致。以帶領小孩一事來說，父母即使操縱了家庭大計，亦不能強迫子女的意願。家庭裡雖說夫妻一体，但是對家具的安排、衣物的處置、假日休閒去處、電視看哪個節目，每人各有不同的主張，大都自有獨特的見地。彼此如果不能相互尊重，即使是芝麻小事，都可變棘手大事。作者談到要給彼此空間，互不干涉；要調整自己，欣賞他人。這不只是消弭糾紛，促進和諧的妙方，其實是取法天道、順乎自然的立身處世的態度。自然就是海納百川，故成其大；天道就是天生萬物，各適其適。

我和作者相識，彈指間超過二十年。在早期做同事的時候，覺得她是熱心、主動、明快、負責的好伙伴。後來繼續做朋友，覺得她是誠懇、細膩、率真、容忍的益友。讀了這本書，使我對作者的思維背景和心路歷程，有著更深一層的了解。這兩個外表看來頗不相同的形象，似乎是渾然一体，天衣無縫的互相融合。我對這位老朋友，更有一個新的認識。讓我套《菜根譚》裡一句話說：

交友時帶三分俠氣，做人常存一點素心。

我想這對她是個適當的寫照。我相信讀者們會喜歡讀這本書，亦將會喜歡和這樣的人做朋友。

（本文作者為前工業技術研究院院長、香港科技大學副校長）

推薦序

中文先，外語後

張湘君

本書作者培育一雙兒女的語文能力，平實不花俏的做法——本國語文學習在先，外國語言接觸在後，造就了中英文俱佳的女兒——可凡，值得一般家長仿效。尤其可凡，當時小學尚未畢業，就能將美國兒童文學名著《夏綠蒂的網》翻譯成中文，中文的深厚實力，絕不可小覷。到底二種語言翻譯的過程牽扯的絕不是單方語言的功夫，以英文翻成中文為例，讀者是透過中文的譯筆來了解作品的意涵，因此譯者的中文底子夠不夠紮實，更是決勝負之關鍵。

隨著全球化的發展，英語的地位直線提高，故近年間國內掀起「全美語幼兒園」熱潮，訴求讓幼兒全天候的浸泡在全美語No Chinese的學習情境中，如此學習英語就像學習本國語言一樣自然、沒有壓力。幼兒家長有感於「不讓孩子輸在起跑點上」的宣傳效應，或於趕搭時代潮流的英語學習列車，付出昂貴的學費送孩子去就讀，而當孩子不經意地開口說出連自己都不一定懂的英語單字或片語時，家長心中的那份驚喜與悸動實在難以言喻。

學齡前的幼兒在社會化尚未成型，便在父母高度期望下，而因應時代潮流就讀於全美語的教育環境，接觸的是國外的教材和以外籍老師為主導的教學，在在有異於本土實際環境與文化。一旦學童從全美語幼兒園畢業，進入正規的國小教育體制，部分學童恐因教育環境的迥然不同而產生銜接、適應的問題，而嚴重者造成學習障礙，影響學童未來的人格發展。

有些全美語幼兒園所甚至在入園處即高掛No Running、No Chinese標示牌。在這樣的環境中，幼兒常因使用母語而被處罰，造成幼兒情緒焦慮、挫折感重，並因而喪失學習的興趣，有些甚至影響到生活和價值觀及更嚴重的文化認同問題。兒童心理醫師指出，近幾年來，每到十月，門診都可發現因就讀全美語幼稚園適應不良而就醫的案例，且逐年增加。

筆者最近指導一位當擔任過全美語幼兒園園長的研究生，撰寫「全美語幼兒園學童就讀國小一年級學習適應之研究——以北市大安區為例」碩士論文時發現，全美語學童在學習習慣、學習態度、學習環境、身心及社會適應方面確有其獨特的問題產生。如全美語學童注音沒學好、國字寫不好、中文注音符號和英文字母之間產生混淆，中文閱讀與理解能力較為低落、上課有時聽不懂、表達不正確，對於本國的節慶、歷史人物或中文兒歌較不熟悉，和同儕之間較缺乏互動與共鳴，間接造成學習適應問題與學習困擾。

隨著社會的多元，養兒育女的方式也隨之變得複雜。傳統的教育方式已經不敷使用，但核心的教育方法尚未形成，現代的家長面對外在的複雜，感到迷惘無力。尤其語文教育為一切學習基礎，如何讓孩子中英文俱佳，贏在起跑點上，更是讓家長焦慮指數節節升高，亟需過來人指點如何找回教育兒女的簡單原力。

人生的舞台，因為缺乏最佳導演的指導，父母的角色最難扮演。本書作者能將多年育兒經驗整理成文字出版，文筆流暢易讀，分享給對兒女教育煩心的父母，可謂做功德一件。尤其可凡的英文學習歷程，雖然作者著墨不是太多，但相信讀者能得到正確理念的啟發以及實務的指引。

（本文作為亞洲大學應用外語系主任）

作者序

孩子，讓父母再次成長

二〇〇五年歲末，高寶書版的發行人朱凱蕾女士和金蓉副理，專程由台北來新竹和我碰面，要我撰寫一本有關親職教養的書，我在驚喜之餘不免忐忑。她們會找上我，當然是因為小女可凡的緣故。她在小小年紀出版了三本譯作，被人視為早慧的小才女，但我當時心想，這並不表示我也可以寫書啊！來訪的兩位女士卻信心堅定，認為在親子關係方面，我一定有些想法和作法，可以寫出來和大家分享。

凱蕾女士亦已身為人母，對孩子的撫育有第一手的經驗和心得，我們很快就有談不完的媽媽經，進而發現彼此竟是同一所中、小學的先後校友，也同樣是擁有開明父母的獨生女，這下子共同話題更多，暢談了一整個下午，也激發了不少寫稿的靈感。

感謝出版社沒有給我任何時間壓力，讓我得以從容地回顧自己的成長、剖析得自父母的影響、審視和孩子們的互動，並歸納出一些往日並未察覺，實際上卻點點滴滴落實在尋常生活裡的生命價值。

學習應該是一種終身的態度和習慣，但隨著年齡增長、歷練漸豐，要經常保持一顆好奇柔軟的心，願意割捨或改變既有的思考甚或行為模式，談何容易？幸好我們有了孩子，在童真的伴隨下，我們又歷經了一次學習成長的過程。隨著一句句牙牙學語、單純稚嫩的問答、親密甜美的交談、質疑叛逆的辯論，到深刻關懷的溝通，與其說我們在扮演教導帶領的角色，不如說藉由與孩子的相處和對話，增加了我們的彈性與不同思維的可能性。

年過半百，事業、家庭大致底定，召開同學會的頻率卻突然增加，其中以小學同學重逢最為有趣。四十年未見的面孔仍依稀有印象，但各人的發展往往出人意表，在在顛覆傳統上以功課好壞區分優劣的觀念。社會愈趨多元，不以課業成績定高下的呼籲一再被提出，現成的案例也俯拾皆是，但要跳脫既定的成見多麼困難！

我也曾受困於比較的心理、焦慮的情緒，擔心孩子的表現和成就，但經過不斷的自省和調整，我越來越能欣賞珍惜每個孩子的獨特性。兒子克容敦厚隨和的個性、敏銳的觀察力、愛好運動的活力、豐富的情感和文采，讓我相信他是一個通達的人，可以好好享受他的人生。至於女兒可凡，每當有人誇讚她優秀，甚至稱她為「天才」時，我都真心誠意的解釋，她不是天才，她只是很專心認真的做自己真正喜歡的事；而累積出來的一些小小成績該算是額外的附加價值吧！我們所提供的是一個友善的環境，讓她有自由探索、發揮潛力的空間，最重要的是，她在其中得到莫大的樂趣。

這本書的內容平凡坦率，從我父母的故事說起；他們的開明包容和支持，構築了我的部分個性和信念；我不滿二十歲就結識了凱風，南轅北轍的習性卻激盪出堅實的默契，造就了日後成家的風格。孩子們的加入，巧妙的串連起三代之間綿延的情感，也自然地傳承了共同的價值觀；我們的生命，因擁有彼此而更為豐美成熟。謹以此書，獻給我摯愛的父母和家人。

背・景・篇

「父母的開明包容和支持，構築了我的部分個性和信念；

在孩子童真的伴隨下，我們又歷經了一次學習成長的過程。

隨著孩子一句句牙牙學語、單純稚嫩的問答、

親密甜美的交談、質疑叛逆的辯論，

到深刻關懷的溝通，與其說我們在扮演教導帶領的角色，

不如說藉由與孩子的相處和對話，

增加了我們的彈性與不同思維的可能性……。」

獨生寶貝

父母的故事，我的成長背景

父親在大陸時是三家銀行的總經理，另外還有農場、鋸木廠、火柴廠等週邊事業。他在當時的上海社交圈頗有點名氣，一方面固然是財名遠播，一方面也是因為他長得高大英俊。

大陸淪陷前父親攜妻女前來台灣旅遊，順便考察此處是否適合長居，眼見局勢越來越亂，他決定留在台北置產，便囑妻女先回大陸處理財產，沒想到這一回去竟是天人永隔，相信這種時代悲劇在當時是很普遍的。

父親的單身狀態立刻引起台北上海圈子裡不少女士的注目，母親也是其中之一。當時的謠傳是父親早已把銀行的準備黃金都先行運來台灣了，

父親與母親

所以即使是五十餘年前民風尚稱保守的年代，這些女士也都使出渾身解數各顯神通。

母親當時正值人生低潮，委身在一家小公司裡當打字員。她年輕時是縣城裡有名的美人；二十歲就被一個有錢的公子哥兒追上，套句現在流行的說法，就是嫁入豪門，而且還在第二年便喜獲麟兒。

可惜好景不常，那位公子不改風流本性，拈花惹草之餘，開始熱烈追求當時復旦大學的校花，並強硬要求離婚。母親個性剛烈，堅持不肯簽字，拖了好幾年，直到校花也做了媽。眼見木已成舟，大勢已去，母親才黯然同意離婚，並隻身逃難到台灣來。

父母親早年在上海的社交場合就見過面，但當時都是有配偶的人，儘管覺得對方儀表出眾，也僅止於點頭之交。後來在台北重逢，母親在眾女士中似乎佔了先機。

往後的歲月，父母親偶爾吵架拌嘴，父親就會笑咪咪地調侃：「當時還不是你追我的！」母親一定笑著說：「上了個大當！嫁給個空殼子！」沒錯，父親當年是來台灣旅遊考察的，隨身僅帶了有限的旅費，後來雖仍在金融界服務，但財力已和在大陸時期不可同日而語了。

我出生時父親已經四十七歲，母親也三十好幾了，他們對我的寵愛可想而知。母親親自哺育，記得我已經四、五歲了，還常常賴著要吸吮母親的乳頭過乾癮。後來母親不再妥協，我便大哭大鬧，父親心疼，半開玩笑地的說：「來吸爸爸的好了！」我哭得更兇。

我經常穿的是進口小洋裝，白短襪配漆皮鞋，過生日時有特別定製的大蛋糕。後來才知道，這在民國四十幾年的時候是很稀奇的。難怪我有時和朋友聊起小時候的記憶，講到第一次坐飛機的經驗，講到爸爸教導我西餐禮儀的趣事，講到用精緻的小榔頭敲巧克力磚……朋友們都瞪大了眼睛，說那是我的個人記憶，而不是那個時代的共同記憶。

在母親的精挑細選下，小學和初中讀的是以管教嚴格出名的私立教會學校。那段歲月現在回想起來還覺沈重。我大概是因為被照顧保護得太周到了，高中以前一直很懵懂糊塗。功課跟不上，人際關係也不靈光，老師嫌我是拖累全班總平均分數的敗類，同學也覺得我是個笨拙無趣的人。記得每天三輪車把我送到學校，我一看到那兩扇打開的大門，心就往下一沈，覺得又要被嘲諷、處罰吞噬一天。

我不僅功課差，也沒有任何才藝。小時候學過幾天芭蕾，媽媽覺得穿著單薄的舞衣「會受涼」，因為舞蹈教室的天花板上裝置了電風扇；也學過一小陣子鋼琴，不記得是為了什麼奇怪的理由不了了之。

更糟的是我對運動也很不在行，上體育課經常飽受驚嚇，尤其是躲避球，眼見那些矯健

中年的父親

的男生惡狠狠地把球砸向我，我所能做的就是閉上眼睛，轉身把背縮成烏龜殼狀，重重地挨一記，立刻出局。

後來自己做了母親，讀了不少育兒書籍，才發覺幼時的行為表現應該是所謂的「感覺統合失調」，這應該和長期被捧在手心，凡事都有人代勞，處處被告誡「危險！」有關。

隨著年齡增長，父母對我的保護漸漸鬆手，他們的人生閱歷和彈性，逐步顯露在對我的教養態度上。我們三人的關係也在微妙地轉變，越來越像無話不談的朋友，尺度之寬，百無禁忌。我從來不會被斥：「大人講話，小孩不要插嘴！」他們總是很有興趣地聆聽我發表意見。

父親的思想開明，有時甚至有點前衛。小時候的照料他插不上手，但等我大到可以和他深談時，他常分享一些很獨特的想法。他曾經問我：「為什麼『自古紅顏多薄命』？」我搖搖頭，他就提出自己歸納的心得：

一家三口

「漂亮女子受人奉承追求，多半驕傲，而條件優秀的有為男子，一方面時間有限，一方面也有傲氣，多碰幾個釘子後就不願再試；反而是那些死纏爛打的男人會得逞，所以美人的歸宿往往不理想。」所以呢，他做出結論：「你們女孩子不要被動地被人揀選，看到好的男孩就要主動去追啊！」

可惜我還沒實踐他的理想就被人追上了，等我宣布要結婚時，當時已七十餘歲的老爸爸又有驚人之語：「我看你們先同居試婚一年再說，相愛和相處是兩回事，確定可以共同生活再辦婚禮。」他心裡擔憂，像我這樣嬌生慣養的任性女孩，搞不好沒多久就會和老公拆夥，可是我又沒聽他的建議，直接結了婚，幸好到目前為止，家庭生活堪稱幸福快樂。

凱風與怡光

成家立業

新竹定居，養兒育女，一起成長

從來沒想到會在新竹定居二十幾年，在這之前，我可是道地的都會女子，連考大學都只填在台北的志願。

後來當了六年的空中小姐，徜徉在世界各大都會，對於華服、美食、藝文活動、各種流行資訊都是嗅覺敏銳，對於自己從小就習慣的生活型態更認定是天經地義。

結婚後嫁雞隨雞地搬到新竹，真是大吃一驚。當時的小城居然找不到一家百貨公司或像樣的餐廳，更別提什麼有水準的藝術演出或展覽了。我們住的宿舍比

大學時代的凱風與怡光

所謂的「市區」更荒涼，尚未找到工作的我每天困坐愁城。

週末回台北，總是大包小包地採買，還不忘從娘家帶走各式菜餚點心。每天和母親總是電話熱線不斷，她對這個寶貝獨生女嫁到窮鄉僻壤還真是放心不下。

漸漸地，我向母親報告的晚餐內容從「綠豆湯配麵包」，進步到「燉了一鍋羅宋湯」；而我也找到了一份不錯的工作，但仍然渴望著週末回台北的時光。

老公雖然之前也沒到過新竹，但對於小城單調的生活倒是甘之如飴，對在大學裡教書做研究的工作，更是滿意。

母親常說：「你會考進台大，就是為了嫁給黃凱風！」說也奇怪，我從小功課奇差，直到高二算是勉強開竅，但也從來沒考過前三名。大學放榜全班只有我一個人上了台大，氣昏一堆同學和舊識。

凱風的人生卻沒有什麼驚奇，從小就是第一名，一路理所當然的第一志願。我們兩個會結婚，至少對我而言是一個驚奇，因為我們是那麼的不同。

但對他而言卻是一個篤定。他後來告訴我，打從我第一天踏進杜鵑花城參加新生訓練，他在社團的攤位上看著我寫下自己的名字時，就已認定了我。

我還記得剛交往沒多久時，他就很嚴肅地說我們將來結婚以後如何如何，我心裡竊笑這個人的癡狂，當時我們都還沒滿二十歲，未來充滿了無限的可能，而最不可能的大概就是和初戀情人結婚吧！

結果經過七年的長跑，其中還包括五年的時空分隔，他在美國攻讀博士，我在世界各地翱翔，我們居然還是結婚了！這期間倒也不是風平浪靜，他為了杜絕

擔任華航空服員留影

桃花不惜理了個平頭，這在當時嘻皮文化橫行的時代，是很引人側目的決志舉動。至於我，當然也常會遇到異性示好，但竟沒有一個能打動寂寞芳心。

不知道是否個性大異其趣反而造成恆久的吸引力？別人看我們是：我聒噪；他沉默，我愛玩；他愛靜，我浪漫衝動；他理性沉穩，我脾氣火爆；他寬厚溫和。

結婚第五年，我們才終於盼到第一個孩子。對於這個得來不易的兒子，我和凱風一開始似乎複製了父母早期待我的方式，愛得過火、保護得過份。經過不斷的觀察和自省，再參照書本上專家的意見，我們努力想把自己調整成較為「輕鬆」的父母，但還是疲累得不敢再要第二個孩子。

四年後，女兒可凡誕生。這個意外報到的小傢伙讓「高齡」三十六的我吃盡苦頭。懷孕期間的劇烈害喜現象，使我一度瘦弱得像非洲難民；剖

夫妻倆還是頂客族時代

腹產後的傷口反覆發炎化膿，讓我坐月子期間不但無法進補，還必須猛吞抗生素。

如今兒子已進大學，高大帥氣，個性隨和，就像他外公。我們初為人父母時的緊張、擔憂、反應過度……似乎沒有在他身上留下什麼烙印；女兒也已亭亭玉立，乖巧可愛、努力上進，比起她媽媽，強多了！

我們定居的新竹小城，坐擁交大、清華兩所著名大學，加上工業技術研究院和科學園區的成功模式，這二十餘年來蛻變為高科技重鎮，發展出獨特的風貌。凱風和我在此安身立命，養兒育女，四個人彼此砥礪，一起成長。

如今，台北的繁華成為生活中偶爾的點綴，現在回娘家，變成我大包小包的拎回去。每天的電話熱線依然持續，只是換作我叨唸母親的飲食起居。曾幾何時，角色轉換，心境和感受也徹底改變了。我依戀新竹的家，一如當年依戀台北。而我和凱風南轅北轍的個性也逐年向中間靠攏，當我們在校園裡的書店買了滿懷的書散步回家時，他會喜悅地感嘆：「在這裡生活，真好！」沒錯，我完全同意。

一家四口

菜鳥父母，狂哭寶寶

第一個孩子，也是超難帶嬰兒

我們剛結婚時就像許多年輕夫婦一樣，並不急著要孩子，所以頭兩年還認真施行了家庭計畫。等到萬事具備，誠心準備迎接小生命時，卻毫無動靜。眼見同輩同學朋友紛紛做了爹娘，心裡還真不免焦急起來。

年邁的父母當然比我們還急，在母親的積極游說、強制陪同下，我們半推半就地前往榮總家計科檢查，這才知道有那麼多人在努力做人而不可得。

經歷繁複的檢查程序和耗時費事的基礎體溫測試記錄過程，醫生宣布我們算是情節輕微者，僅需對我施打一些針藥即可。還真神準，下一個月

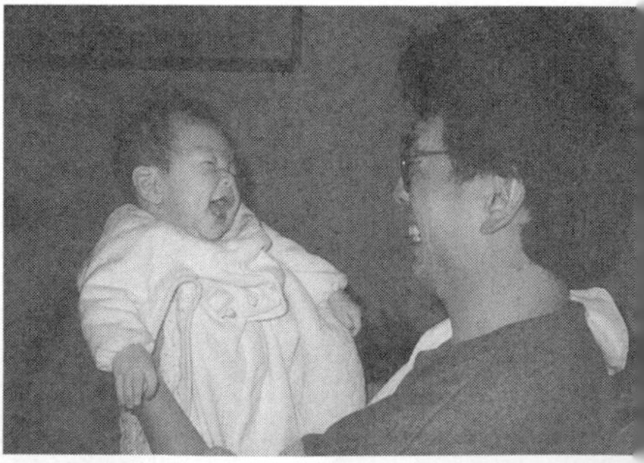

克容只要不哭，凱風便樂不可支

我就中獎了！這時又不免擔憂起來，害怕促進排卵的藥物太強悍，會不會造成多胞胎的效果？萬一生出四、五胞胎，鬧上報紙豈不貽笑大方？

當醫生用超音波看到貝比的身影，確定只有一個時，我著實鬆了口氣，這才歡天喜地的開始享受當孕婦的奇妙歷程。

我的狀況好極了，心情好、胃口也好。每天注意飲食營養，也興致高昂地採購各式孕婦裝，並開始研讀各類養育寶寶的書籍。當時的我，容光煥發、雄心壯志，一心想要培育一個聰明、可愛、強壯、優秀的完美寶寶。

貝比長得很快，醫生甚至要我少吃一點。離預產期還有一星期時，我覺得肚子快被撐爆了，坐立不安，躺著時更是呼吸困難。醫生要我住進醫院，準備次日早晨剖腹生產。

手術時半身麻醉，神智清楚，我聽到護士驚呼：「胎便！」當時不明究理，事後才得知我的貝比尺寸特大，提早一週出世還有四千三百五十公克！他在我不寬敞的肚子裡已有窘迫現象，幸好提早取出，否則恐有危險。

我的體型原本纖瘦，懷孕期間增加了十五公斤，生產完第二天去量體重，竟已減輕了八公斤！可見努力加餐的成果都在貝比身上。辦公室同仁得知消息，特別製作報喜漫畫一幅，題曰：「小雞生大蛋」。

貝比果然不同凡響，躺在育嬰室裡目標顯著，別的嬰兒都被包裹得整整齊齊，像是一根根春捲相鄰並列地展示著；只有我的貝比手腳都露在外面招搖，太小的包巾早就散亂不成型。

育嬰書上一致推薦母乳的好處，我們在護士的指導下不厭其煩的展開前置作業。每隔四小時，當貝比被送進我的房間前，新科爸爸的雙手早已被燙得通紅，因為要忙著浸泡熱毛巾、扭乾，重複動作二十分鐘，好供我熱敷胸部，促進乳汁分泌。

可惜效果不彰，我的乳汁只夠當開胃菜。從胎兒到嬰兒，貝比的好胃口一直沒變，吃完開胃菜，接下來的一大瓶牛奶才是他的主餐。

回家的日子到臨，我們要面對新生寶寶獨立作業，真是緊張又興奮。結果出師不利，回家後打開的第一罐嬰兒奶粉，就找不到罐內附贈的量匙。這在以後想起當然是小事一樁，（詭異的是，以後開過幾百罐都沒發生過），但當時真是驚慌，我們好似在從事嚴謹的科學實驗，而重要的儀器竟然遍尋不著！

好不容易一瓶溫度、份量、濃度都經過精密量測的成品製作完成，貝比猛吸一陣子後卻沒啥進度，新科爸爸擔憂地說：「你看他好用力，嘴巴都快抽筋了，奇怪，這奶瓶有問題！」經過研究和請教先進，才知道是我們把奶嘴拴得

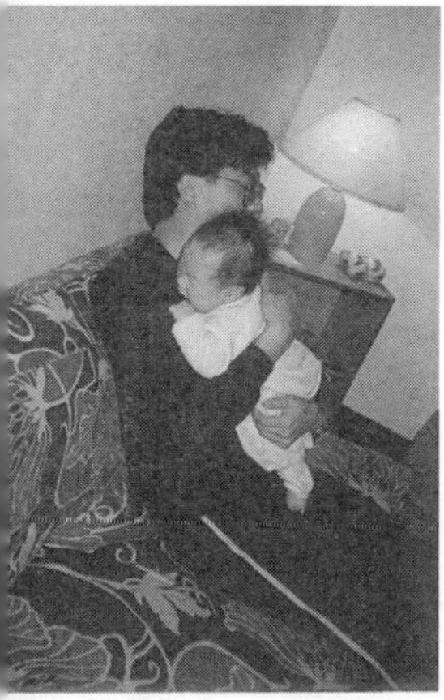

寶貝，讓爸爸坐一會兒，好嗎？

太緊，空氣無法進去，奶汁自然無法暢出。我好好奚落了老公一頓：「虧你還是學物理的！」

接下來的日子就是混亂、忙碌和挫折。育嬰書上說新生兒一天睡十六至十八小時，我們覺得是天方夜譚。貝比每次睡不到三小時就開始哭鬧，而且吃多拉多，換尿褲、餵奶、拍背嗝氣、喝水、洗屁股、洗澡、換衣服……周而復始，忙個不停，傍晚以後，更是哭得驚天動地。

只見他握緊小拳頭，扯開大嘴巴，用盡全身力氣狂哭，不僅聲嘶力竭，還膚色泛紫，狀甚嚇人。左鄰右舍號稱育嬰老手的媽媽們熱心前來幫忙指導，全部鎩羽而歸。外婆興沖沖地從台北來探望，不到一小時就崩潰大哭，痛罵我們是狠心父母，孩子哭得這麼慘都不想想辦法。

我們當然問過醫生，都說這是「嬰兒腹絞痛」，等三、四個月後消化系統健全了自然會好。英文版的育嬰書也輕鬆地說，可以帶孩子出去兜風，轉移注意力，要不，就把房門關起來，去客廳使用吸塵器，轉移自己的注意力！

狂哭的問題還沒解決，貝比居然被我傳染感冒了！醫生有點詫異，因為才滿二十天又吃母乳的小嬰兒通常會保有母體的免疫力，不太容易生病的。眼看貝比住進嬰兒加護病房受苦受難，開始狂哭的人變成我，產後憂鬱徹底被誘發出來，自責、內疚、惶恐、傷心……多日來的小心翼翼、辛勞疲憊，更是讓我覺得自己一無是處。剛懷孕時的雄心壯志早就煙消雲散，管他什麼優秀傑出、聰明伶俐，我只要我的貝比平安長大！

浪漫小壯丁

感性浪漫的小王子

一位好友非常喜愛孩子，她覺得自己的生命是從有了孩子以後才有意義的。她的一對兒女真是天使的化身，聰明、乖巧、貼心、上進……能想到的優秀特質都具備了。但最令我羨慕的卻是嬰兒從醫院抱回家起，就是一夜到天明的酣睡，而且從不生病，一不留意就長大成人了！

我的貝比歷經三個月的狂哭，期間還穿插月子裡的重感冒住院，以及滿兩個月時莫名其妙的尿路感染發高燒。帶孩子對我們而言真是危機重重。我恢復上班後，白天請了保母來家裡看顧，她對我的諸多歇斯底里要求都盡力配合，例如巨細靡遺的記錄吃喝拉撒，以及一天兩次的測量體溫，外加五、六次的清洗屁股。

每天傍晚，我和凱風都懷著忐忑的心情，拖著沈重的腳步回家。因為保母下班了，接下來的漫漫長夜都得面對一個無法溝通、嚎啕大哭的小人兒。當時正值嚴冬，我負責上半夜，抱著一個份量不輕的娃兒不停地踱步，唯有在我們走動搖晃的懷裡，他才能稍稍安靜。凱風下半夜接手，走累了，只敢輕輕坐下，但通常很快會被發覺，立刻引爆震耳欲聾的啼哭。

記得有一夜，我看凱風疲倦到不行，不忍喚醒他，決定發揮母性堅忍的韌性，繼續咬牙苦撐，昏暗中，默默悲苦地踱著。朦朧恍惚之際，忽見斜靠在床上的凱風，懷中也抱了一個襁褓，還不停地輕拍搖晃著，我低頭看看自己懷裡，困惑不已。後來才弄清，凱風在睡夢中正哄著捲成一團的棉被！

有人勸我們把孩子全天候託給保母，但我

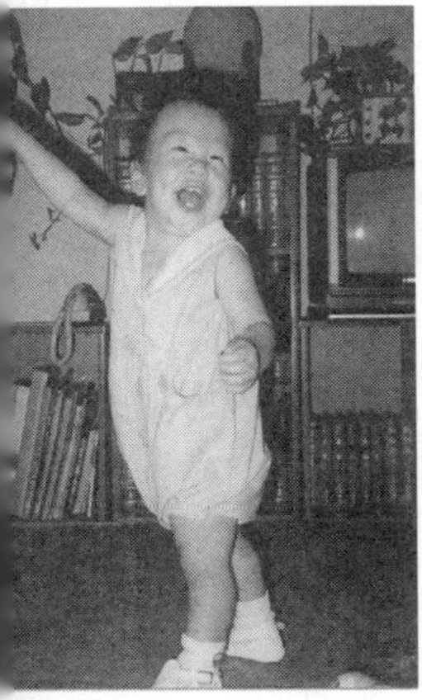

小克容好開心啊！

們寧可累死也捨不得。記得剛回家時貝比臉頰上被蚊子叮了個包，當晚凱風竟徹夜守在小床邊監看，真可媲美「二十四孝」的故事！

熬到第四個月，貝比的腹絞痛果然不藥而癒，唯一留下的「創傷」是一副超齡的沙啞嗓音。擺脫了疼痛的磨難，他的開朗性格開始展露，經常笑口常開，但每三小時就要喝奶的需求絕不妥協。

貝比剛滿周歲時，凱風剛好有機會去美國客座研究一年，此時我又發揮為母則強的潛力，雍容大度地鼓勵他放心前去。接下來單打獨鬥的時光真是刻骨銘心，我白天在辦公室裡辛勤工作，晚上九點、十二點、半夜三點、清晨六點都要起床沖泡牛奶，滿足那永遠飢腸轆轆的小壯丁。

即使我牛奶裡加了飽和的麥粉，濃稠得像混凝土，白天的副食品也沒少過一頓，貝比還是按表操課，從來不會睡過頭而漏失一餐。我黑著眼圈向朋友訴苦，覺得自己夜以繼日沖泡的牛奶可以填滿一座游泳池！

送媽媽一朵小野花

朋友都說我太沒原則，太不會帶孩子，讓他哭鬧個幾天有什麼關係！

但我就是不忍心，直到他快兩歲，可以用言語溝通時，我說：「媽媽好累，晚上不要再喝ㄋㄟㄋㄟ了，等天亮了再喝好嗎？」他很夠意思地答應了，夜裡可憐兮兮地輾轉難眠，用力的吸吮著矽膠奶嘴，等看到曙光乍現，立刻歡呼：「天亮了！天亮了！」

直到現在，我還是覺得理性溝通是最好而且有效的方法，但當然需要有相當的付出與忍耐。

貝比的個頭一直高大壯碩，這也常誤導別人對他的期望。當他坐在娃娃推車裡時，別人會說：「這麼大了還不下來自己走！」等他終於搖搖晃晃蹣跚學步時，別人又會說：「這麼大了還不會講話！」其實他九個半月就會走了，算是進度超前。

我按照書上的建議，在貝比七、八個月大時就把他抱在腿上唸故事

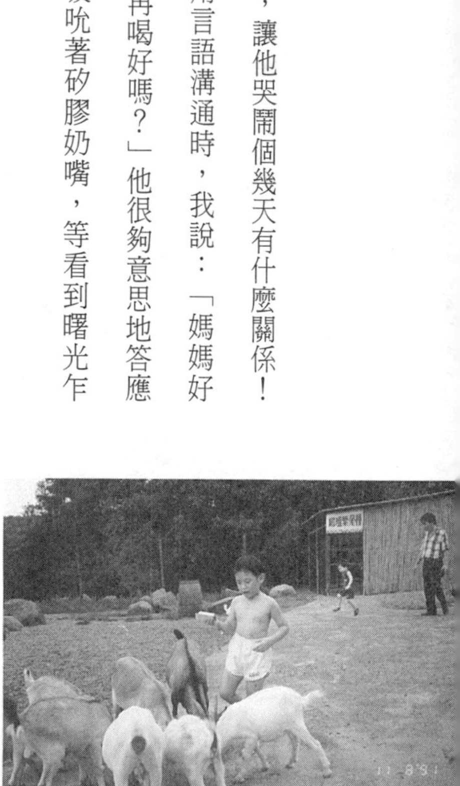

克容從小愛親近動物

書，一邊用抑揚頓挫的愉悅語調，一邊指著書上彩色繽紛的圖畫；他很喜歡這個活動，會走路後常常拿著書示意要我唸，但他開口講話的進度倒是算慢的，一直到快兩歲才牙牙學語。

除了唸故事書，我也放錄音帶，等他可以表達意見時，他常常要求不要聽兒歌，要聽故事，看來他對語言敘述比較有興趣。兩歲半時，我為了讓貝比有機會和別的小孩互動，送他去上半天的幼幼班。老師說他的形容詞彙很豐富，會指著椰子樹說：「我不喜歡這種高高的、瘦瘦的、乾乾的樹！」

貝比對「美」有獨到的見解，我早上出門前偶爾匆忙搭配衣服，三歲的他會靜靜地說：「你這樣出去，別人會笑你。」我照照鏡子，覺得很有道理，立刻從善如流地換掉。

有次外公外婆來訪，一進家門貝比就說：「外公，你換眼鏡了，很好看！」我們這些後知後覺的才跟進端詳。

他升上幼稚園小班後，告訴我喜歡班上一個漂亮女孩，我有天放學時要他指給我看，然後故意逗他說那女孩並不漂亮，他很認真的說那是因為她累了，頭髮亂了，要我早上再來看。

貝比除了會欣賞女孩子，還會摘小野花送給老師，奇怪，也不知這是天生的浪漫，還是故事書的潛移默化，無論如何，我都很滿意他從狂哭寶寶蛻變成為快樂浪漫的小壯丁。

妹妹報到

懷孕的艱辛與嬰幼兒生病住院的磨難

第一個嬰兒的忙亂和辛勞，讓我們簡直不敢想像有第二個的後果，加上自己年歲已經不小，我一直認定貝比將和我自己一樣，是個沒有兄弟姊妹的獨生小孩。

仗著不易懷孕的體質，我倒也沒有特別防範。有天和兩個姊妹淘聊天，說起最近月信遲遲未來，她們起鬨帶我去檢查，這一驗居然是懷孕了，說也奇怪，當下就覺得噁心想吐。

這個感覺開啟了我痛苦的懷孕歷程。不同於第一胎，我不僅毫無胃口，還嚴重孕吐。有時睡到半夜，一個翻身就嘩啦嘩啦地吐出來。

早晨起床，更是不得了。我為了胎兒的營養，勉強進食，隨即平躺在沙發上，用勁捂住嘴，還是止不住胃部痙攣收縮的反射作用。

我日漸消瘦，幾近脫水狀態，去醫院打點滴，護士幾乎找不到乾癟的血管。

三個月後，害喜現象終於解除，但我又開始落入感冒的循環中。當時不敢吃藥，怕會影響胎兒，轉向中醫求助，希望能把體質調好。記得一個櫃檯抓藥的小姐曾預言，我腹中胎兒的呼吸系統將來會比較孱弱，我對這種說法不能接受，一點都不相信。

倒是因為年屆三十六，不放心地去做了羊膜穿刺檢驗，得知寶寶一切正常，而且是個我希望的小女娃。四歲的貝比在我們每天的談論和引導下，也對這個小妹妹的到來充滿期盼。

我有鑒於上次產後和貝比雙雙感冒，決心這次要把月子坐好，早早就

小兄妹

情商保母請託鄉下的親戚，適時飼養一批土雞供我進補。

誰知事與願違，剖腹的傷口反覆發炎化膿，不但所有的熱性補品不能進用，還得吞服大量的抗生素。

幸好妹妹乖巧好帶，安靜地吃和睡，頗符合育嬰書上對新生兒的描述。她在我嚴重害喜、頻頻生病的惡劣生長環境中，莊敬自強地發育到三千兩百公克，這在女娃當中應屬中上身材，但已習慣於貝比的巨大壯碩，讓粗手粗腳的老爸在換尿片或洗澡時，仍很擔心會折斷她纖細的四肢。

貝比對妹妹充滿好奇，搶著要抱她、親她、餵她牛奶。我們小心應對他的熱情，一方面要顧及安全，一方面又不能挫折他的善意。

妹妹在哥哥的刺激和帶領下，體能發展迅速，八個半月就會走了，而且喜歡探險攀高，平衡感絕佳，我們笑稱台灣日後的女子體操要靠她發揚

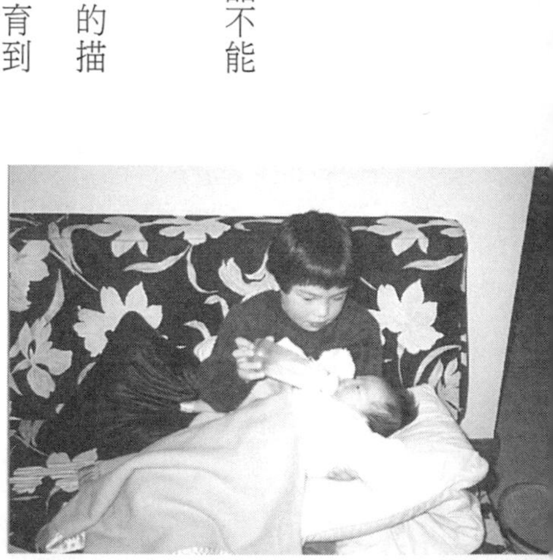

克容餵妹妹吃奶

光大了。

平順的日子稍縱即逝，妹妹剛會走沒多久就染上肺炎，高燒入院。抗生素由頭皮上的靜脈點滴輸入，我們日夜守候照料，心如刀割。五天後醫生說可以出院了，另開了兩天的口服藥帶回家，並說已經痊癒不必回診，沒想到這個說法埋下以後一連串的苦難。

兩星期後妹妹再度發燒，我們改赴台北求醫，知名的小兒科大夫一聽診，立刻要我們準備住院。果然X光片出來後，兩片肺都已嚴重感染。大夫說應是上次的肺炎並沒痊癒，對新竹醫生的草率不以為然。

這已是我們第二次碰到經驗不足又漫不經心的醫生了。上次是哥哥兩個月大時突然發高燒，看診的醫生沒做任何檢驗就說是玫瑰疹，「燒個幾天等疹子出來就好了」。

我們不放心，還是驅車趕往台北就診，經過驗血驗尿確定是尿路感染，如果等他「燒個幾天」，恐怕後果難以收拾。大夫有點火氣地說：「根據醫學文獻，感染玫瑰疹最小的年齡紀錄是四個月，你的貝比才兩個月大，不太可能。」

我們捏把冷汗，覺得有些醫生真是不夠用功。沒想到事隔好幾年後，雖然換了不同的醫生，妹妹還是成為受害者，而且災情更慘重；第一次肺炎沒斷根，她往後只要一感冒就很容易惡化，到三歲多前竟然罹患了六次肺炎！

小娃娃生病住院真是恐怖的磨難，每次例行的找血管打點滴，就讓年輕的醫生忙半天，眼見針頭在薄嫩的皮膚下鑽來鑽去，伴隨著妹妹的淒厲哭喊，爹娘的心都在淌血。接下來還要日夜注意，嚴防她扯掉點滴或有其他狀況；而幼兒又不甘躺臥在床，必須時時安撫哄騙，真的是度日如年。

多次進出醫院的經驗讓我們有如驚弓之鳥，妹妹平時一聲咳嗽都會讓我們憂心不已。後來我決定請長假在家專心照顧，中西理論並用悉心調養，除了注意營養、運動、氣候變化、空氣品質，還配合一些滋補偏方，如西洋參燉鴿肉、川貝冰糖蒸水梨……妹妹總算漸漸揮別體弱多病的夢魘。這種可怕的經驗給了我們一個教訓：不要光埋怨醫生不夠用功，我們自己平時也應該多涉獵醫學資訊，對於任何病徵都不可掉以輕心，而且要多詢問幾位不同醫生的意見。

哥哥講故事真好聽

可以平凡

可凡幼年的磨難，造就日後超齡的表現？

替妹妹取名字，一直很中意「凡」這個字，覺得既好聽又好寫。當初斟酌哥哥的名字，好不容易決定了「克容」兩字，取其「可以容人」之意，希望他有寬闊納百川的胸襟。「克」通「可」，那妹妹就叫「可凡」吧。人生可以平凡，何嘗不是福氣？

可惜可凡從幼兒期起就有不太平凡的遭遇，在四歲前就因肺炎而住院六次。

為了杜絕感染源，我們盡量少帶她去共場合。原本還上過一小陣子幼幼班，後來發現幼兒相處，最容易互相傳染，所以乾脆免了，請原來照顧哥哥的保母繼續留任，在家一對一地照顧她。

可凡的幼兒時期讓我深深體會家庭、工作難以兼顧的困境。哥哥小時候雖然難帶，但至少白天時我們沒有後顧之憂。同樣的保母，在照顧可凡時卻因家中變故，變得極為不專心。

我基於多年情誼與同情心，一開始時盡量忍耐妥協，不僅把薪水調高到超出一般行情甚多，還容許她另外兼差賺取外快；沒想到情況越演越烈，她的姍姍來遲對照我們的熱鍋螞蟻，等我們前腳一離家，她立刻倒頭補眠。可憐的小可凡，也因此練就一人獨處的功夫，或看書，或畫圖，或看卡通。

家裡從哥哥出生後，就不斷購買各類兒童圖書、錄音帶和卡通錄影帶。可凡在缺乏玩伴的寂寞時光裡，充分地利用了這些資源。

乖巧懂事的可凡

有一陣子她和我講話，完全是「阿拉丁」裡那隻鸚鵡「艾格」的聲音，簡直是維妙維肖，可見小孩子的吸收和模仿能力真的很驚人。更驚人的是她自己學會了認字。

小朋友對喜歡的故事書通常會反覆閱讀，我那時買的書大都附有錄音帶，而可凡最熱中的活動就是伴著錄音機，一遍遍地翻閱圖畫故事，許多字彙詞語就漸漸認識了，到後來她甚至可以幫哥哥溫習國語功課，而她那時還沒上幼稚園呢。

其實可凡還在坐學步車的階段，我們就發現她的專注能力異於一般嬰幼兒。她模仿保母做家事的樣子，想把一件衣服平整地「穿」在一支衣架上，但因手部小肌肉尚未發育成熟，這個動作蠻困難的，她卻不輕易放棄，認真地纏鬥了幾十分鐘，直到滿意才罷休。

她的自制力也令人感動，由於呼吸系統較弱，我們盡量不讓她吃甜

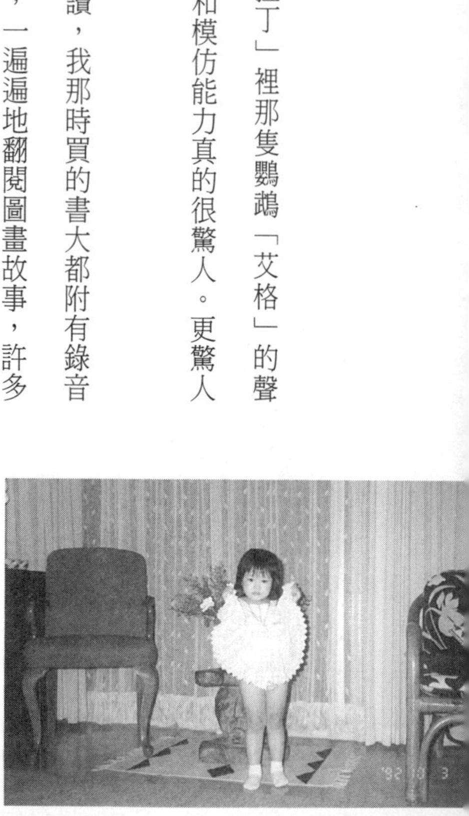

裙子拉太高啦！

食或冰品。有時在外用餐，哥哥想叫一客冰淇淋，我們不忍心讓她眼巴巴地看著哥哥獨享，而猶豫要如何處理時，不到三歲的可凡會很體諒的說：「沒關係，我不吃。」

可凡的冷靜低調有時也會造成反差的「笑」果。有一次我們出去享用自助餐，我讓孩子們練習自己去選擇取用，過了一陣子發現可凡異常沉默，臉色不對勁。我問她怎麼不吃了？她很凝重地說：「我中毒了！」等我們搞清楚時真是忍噱不住，原來她吃到一口芥茉，這是她第一次嚐到這種辛辣衝鼻的滋味。

哥哥向來被歸類為感情豐富型，他小時候看到我們下班回家固然高興，但一看到保母要走，立刻哭鬧著喊道：「阿姨不要走！」幾乎每天都要上演一齣離情依依的戲碼。相對之下，可凡理性得近乎無情，看到我們回家，便會對保母說：「媽媽回來了，你可以走了。」

後來想想，他們兄妹二人雖然個性迥異，但大概也因為從保母那兒得到的關愛不同，而對保母的依戀程度大不相同。

可凡頻繁進出醫院對我們真是椎心之痛，我知道她白天沒有受到妥善的照顧，而晚上的時間又是何其短暫。在她第六次罹患肺炎時，我辭退了保母，決心做個全職媽媽；但服務的機構只准了我三個月的長假，並沒有讓我辭職。

那時可凡不到四歲，但她卻對這段時光印象深刻；多年後提起，仍覺幸福快樂。

我們每天早晨都去清華大學校園散步，在空氣清新的林間小徑，我教她唱歌、深呼吸，以強化她的肺活量。沿路我會告訴她植物的名字，有時會摘些野花或葉片，回家可以夾在書裡做標本。

成功湖的錦鯉是一定要餵的，相思湖的大白鵝也和我們有約。我教她在石板路上跳房子，也開始教一些沿途景物的英文名稱。

我們形影不離，吃完親手調配的餐點，一起午休、一起運動，一起看書、畫圖、做美勞。有時也會和鄰居媽媽及她們的小寶貝們聯誼，互相串串門子，分享玩具和所有好玩的東西。

這段時間雖然只有九十天，卻意義深遠。可凡從此擺脫了體弱多病的夢魘，不僅身體強健了，每天開開心心，對於學習新事物也更懂得方法和技巧。而我自己，對於親子相處也有了更深一層的體認。我覺得用心參與孩子的成長不僅是一項最值得的投資，也是一個豐富彼此生命的機會。

時髦外公外婆

前清古人vs.e世代

父親是民前四年出生的，我們常笑稱他是「古時候的人」。克容出生時他老人家已經八十歲，但是這對祖孫卻發展出溝通無礙的深厚感情。

去年十月父親以九十八歲高壽辭世，克容和可凡都為文紀念外公。克容的片段文稿中這樣寫著：

……我的基本人格特質是外公幫我塑造的，用實際行動讓我明白什麼事該做、什麼事不該做。我最喜歡與外公下象棋，即使我當時還小，外公也會嚴格要求我遵守起手無回的規則，當時覺得很無奈，現在才明白外公

11歲的可凡與95歲的外公

的用意，是要訓練我對自己的選擇負責。外公每一步棋都思考很久，一開始我會不耐煩的抱怨，但外公仍從容不迫、認真謹慎的下每步棋，久而久之，我也習慣並漸漸培養出耐心。幼時與外公對弈，雖然屢戰屢敗，但仍樂此不疲。外公永遠不會因為我棋藝差而不耐，無論我要求下幾盤，他老人家總是滿懷高興的答應，並且認真陪我下完，在擺佈棋子的同時，外公也用另一種方式，對我透露人生智慧，讓我獲得許多額外寶貴的收穫。

除了下象棋，外公還會說三國演義的故事給我聽，這也是我最難忘的回憶。外公記憶力絕佳，敘述的故事生動鮮活，情節過程巨細靡遺，每位角色的個性也會詳盡的解說介紹，講完故事，外公還會同我分享心得，具體的讓我了解要如何合宜的待人處世……。

可凡的部分文稿這樣寫著：

……自我懂事之後，外公年紀已經很大了，沒辦法像對哥哥一樣，陪他去溜滑梯、買玩具、教他下象棋、玩撲克牌……。

但我喜歡外公。記得以前每次回台北，進了家門正脫鞋子的時候，就會看到外公一邊紮緊睡袍的帶子，一面笑咪咪地走出房門招呼我們。他的動作總是慢慢的、很溫和……家裡人坐在一塊兒聊天時，他絕不嘮叨，但是偶爾開口，卻總會引起我們興趣，央他多講一些。他多半時間只是面帶微笑地坐在一旁聽我們說，我覺得外公看起來是那樣的慈祥和藹，好像不管我們做什麼、說什麼，他都無條件的包容和欣賞……。

外公喜歡收藏一些奇奇怪怪的小玩意兒，房間裡有好多各式各樣的罐子，最神奇的是他床尾的那只鐵櫃子，裡面裝了許多希奇古怪的寶貝，糖果盒子、皮夾子、瑞士小刀、懷錶、望遠鏡……還有好多文件、照片等等。我和哥哥小時候會爬上他的床，勾著脖子看那一層一層的抽屜，覺得

15歲的克容與外婆

又神秘又有趣……。

……外公在最後這段日子裡，我們都陪在他身邊，而他走得安祥平和，沒有受什麼苦。我相信外公到後來幾天雖然不再說話，也鮮少睜開眼睛，但他聽得到，也感覺得到我們對他的愛；我知道，他也深愛我們……。

從孩子們對外公的追思緬懷，可以看到他們隔代「忘年之交」的吉光片羽。我覺得自己很幸運，完整的接受到年邁父母的呵護與教誨，而更彌足珍貴的是，我的孩子們竟也還有機會長時間親炙外公外婆的風範。

兩位老人家年歲雖大，思想和作風卻絕不古板守舊。他們從來不會疾言厲色或端出長輩的架式，反而總是和顏悅色地鼓勵孩子們說出自己的想法，讚許他們的表現，包容他們的過失。

在生活教育上，老人家也展現開放的態度。孩子有時不想吃飯，我像許多媽媽一樣，會拿著飯碗鍥而不捨地填鴨；爸媽很不以為然，總是勸我「不要強押」，「餓了自然會吃」，「勉強塞下去很難過」。

孩子頑皮闖禍，我正要大聲喝斥，母親會小聲提醒我要顧及小孩自尊，要我單獨帶孩子到房間裡去說道理。

而父親更是孩子愛親近的對象，他終其一生都很樂觀，再微小的事物都能引發他的赤子之心，他總是充滿好奇，興味盎然。就像可凡文稿裡講的，外公的房間充滿了驚喜，是孩子們最愛去探索的寶藏。

從上海到台北，大都會的歷練讓爸媽對新觀念、新趨勢的接受度很高，而他們的睿智和判斷能力也造就了通達的個性。孩子從小就被尊重為獨立的個體，而且說到做到，始終待之以禮。外公外婆不見得看過什麼教育理論的書籍，但他們的經驗和修養卻在在落實了一些重要的教育理念。其中一些核心價值包括：尊重、支持、信任，和始終如一的愛。

學・習・篇

「學習應該是一種終身的態度和習慣，

但隨著年齡增長、歷練漸豐，

要經常保持一顆好奇柔軟的心，

願意割捨或改變既有的思考甚或行為模式，談何容易？

幸好我們有了孩子，與他們再次經歷學習成長的過程……。」

哥哥妹妹上學去

不是孟母三遷，但也煞費苦心

新竹科學園區內附設一所學校，從幼稚園到高中，還有雙語部，經費充裕、設備完善、師資優良。當初設置的目的是為了吸引海內外人才到園區落戶，免除子女教育問題的後顧之憂。而我們這些周邊鄰居如交大、清大、工研院員工的子女，也可以參加抽籤。

隨著學校越辦越好，中籤率也越來越低；而「不幸」被分發到一般社區小學的，不免長吁短歎。克容上小學之前，我剛好在服務的機構兼任一項職務，推動一些回饋鄉里的計畫，其中有一項便是認養社區小學，不但補助經費、捐贈電腦，還召集義工從事一系列的服務，希望能拉近和園區

克容上幼稚園

學校的差距。

待克容準備入學時，周遭有一些耳語出現，說我大力資助社區小學是為了自己兒子鋪路；而克容果然沒能抽中園區學校，為了避免瓜田李下，我決定送他去私立的教會小學就讀。

這所學校頗負盛名，聽說訓練出來的學生都中規中矩、德智兼備。我特地去觀察了一下，雖然沒有我小時候的母校那麼嚴格，但在某些方面的規矩也是不遑多讓。例如規定球鞋和襪子要全白的，連一個小小的商標都不行。我覺得這種要求沒什麼道理，但還是勉強配合。後來引發我們想要轉學的竟是為了牛奶的口味！

小三剛開學，克容把帶去的保久乳原封不動地帶回家，轉述老師說：「不准帶『飲料』，只能訂學校的調味乳，這次原諒你，下次再帶，便要處罰。」

我們聽了火冒三丈，帶原味的牛奶佐午餐居然要被「原諒、處罰」？第二天凱風就去學校溝通。表明我們不贊成孩子喝調味的甜牛奶，如果學校提供原味的，我們當然願意訂。就這麼件簡單的事，居然從班導一路協調到訓導主任、校長，最後在不愉快的狀況下，校方才同意提供原味牛乳的選擇。而自此以後，我們就從家長會代表名單中被除名了。

牛乳事件看起來不嚴重，卻讓我們很憂心，覺得學校的一些觀念做法太保守僵化，接受這種教育成為所謂循規蹈矩、絕對服從的孩子，將來如何發揮創意，因應以後越趨多元的社會？所以我們一度考慮轉學，但克容已和同學熟識，並結交了一些好友，不願意轉換新環境。

若說這所學校沒有優點也有失公允。克容國中時就讀學區新成立的教改派學校，標榜開放自由、尊重個人，既無制服，也無髮禁，當然更沒有體罰，校風和原先的小學是兩個極端。但或許是經驗不夠，分寸不易拿

我是小青蛙，可凡的幼稚園體驗

捏，有些孩子就像脫韁野馬，尤其在課業學習上，顯得鬆散無章法，學期末了，克容竟是全班唯一按時繳交各科作業的學生，這種責任感應是小學六年養成的習慣吧！

可凡上學的「資歷」不像哥哥那麼完整，小學之前難得去幼稚園客串一下，所以對於每天可以去上學，視為可貴的特權，充滿了期待。而她運氣不錯，抽中了園區的實驗小學。更幸運的是，一、二年級的班導陳春笑老師是位難得的優秀教師，經驗豐富又充滿熱情，而且深具人文素養，寫得一手漂亮書法，又擅長以說故事的方式傳達理念。

實驗小學最令人激賞的是在開放自由與嚴謹治學中找到平衡點，學生素質佳、程度好，各科均衡發展，校風開明活潑卻不踰矩。用「興高采烈」來形容可凡每天上學的雀躍心情並不為過。

實小對國文的訓練很扎實，教材豐富靈活，學生練習寫作的機會也

克容在運動會高舉國旗進場

多。更可貴的是學校圖書館藏書豐沛，在老師的引導鼓勵下，低年級的學生便學會運用圖書資源，養成看課外書習慣。

可凡日後以十一歲之齡完成第一本譯作，許多人都好奇她的英文怎麼那麼好？我總是要解釋，其實她的英文並沒那麼好，倒是國文程度不錯。英文看得懂，靠耐心查字典；但要用流暢的文筆把看懂的句子翻譯出來，靠的就是駕馭中文的能力了。

看書一直是可凡最大的樂趣，學校的功課花費她極少時間。放學後除了看卡通、和鄰居小朋友玩耍……她花最多時間的是看課外書。雖然學校圖書館可以借書，但是可凡對喜愛的書籍有強烈的「擁有慾」。週末逛書店買書是她最喜歡的活動，美麗的精裝書則是最受她歡迎的生日禮物。

可凡的小學生活真的是充實又快樂，而「鼓勵」是其中重要的元素。我翻出成績單上班導寫的評語，映入眼簾的是娟秀的字跡、充滿愛心的話語：「可凡溫文儒雅、美麗大方、才華洋溢、積極進取、動靜皆宜，是個人緣極佳的小才女」；下學期時她寫著：「可凡是班上最閃亮的一顆星，但她並不恃才傲物，因此受到同學一致的擁戴，真棒！」二年級時她說：「可凡秀外慧中，溫柔善良，猶如仙女下凡，能成為可凡的朋友和老師，是我們最引以為傲的」；下學期時她寫著：「可凡是上帝的傑作，是美的化身；人美、字美、畫美、音色美、心美，如詩如畫，令人陶醉。」

全班幾十個孩子，班導觀察到每個學生的長處，一筆一畫認真地寫下她的鼓勵，不重複、不雷同，這需要多大的用心啊！在她眼中，每個孩子都是可愛的天使；而孩子們也都回報以最好的表現。

於是可凡的班級，學業成績好、操行秩序優、教室整潔佳，至於唱歌、舞蹈、演講、美術、賽跑……各項競賽，也都經常包辦冠軍。可凡在這種環境下成長，深切地領略到學習的樂趣。她不僅對學科有極大興趣，

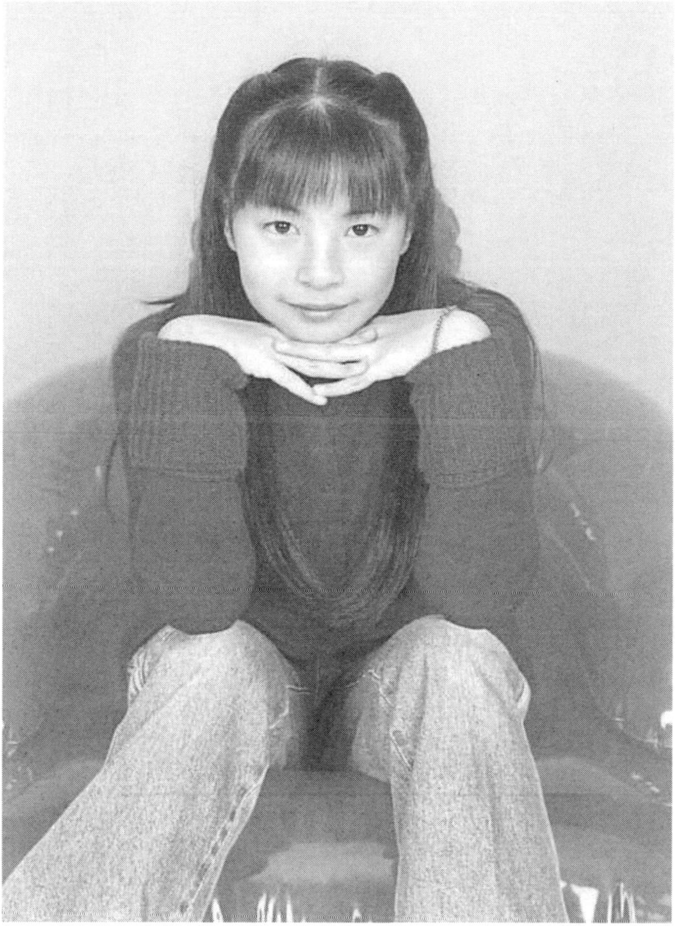

可凡小學五年級

對體育、美勞等術科也具高度學習熱忱。

每個孩子的性向不同，啟蒙的遭遇也不同。可凡幼時多病的磨難、在家獨處的孤寂，或許是造成她熱愛上學的原因；但更重要的是，一個充滿真誠鼓勵、饒富愛心卻有紀律的環境，開啟了她的學習之旅，而這個旅程，真是新鮮有趣、滋味無窮。

鋼琴戰爭史

兩個寶貝的學琴經歷

社會富裕後，父母對子女的期望也多元化起來。生活過得去的家庭或多或少都有那麼一段時間，憧憬孩子能被培養得多才多藝，或者說得文雅一點，都希望孩子有機會培養出一些能陶冶性情的高尚嗜好。

凱風是個崇尚無為而治的父親，記得當克容還小時，我也不能免俗地勾勒一幅幅的憧憬，規劃將來要他學畫、學圍棋、學鋼琴……凱風笑嘻嘻地逗弄著懷中的兒子說：「我們什麼也不學。」

克容四歲半時，我還是興致勃勃地買了鋼琴，請了一位老師到家裡來上課。很多人都說，做父母的往往會把自己未能完成的夢投射到小孩身上；我小時候學過很短暫時間的鋼琴，一直有點遺憾未能繼續，雖然嘴上不承認，心裡多少希望克容能學出點名堂。

鋼琴老師是朋友介紹的，住家附近一大堆孩子都是她的學生。年幼的小朋友一開始只需上十五分鐘的課，每次還會送個小禮物作為鼓勵。我自認這種上課應是個有趣的遊戲，該是個好的開始。

但是我忽略了一個事實，克容從嬰幼兒起，就對音樂不是那麼有興趣，他幾乎沒有完整地唱過一首兒歌，聽錄音帶時也總是選擇說故事的，不要音樂的。

而我這個當時盲目的媽媽，看到他胖胖的小手彈出一小段簡單的旋律時，仍然欣喜莫名，自我陶醉。

隨著克容年齡的增長，鋼琴課也延長為半小時，而我們母子的衝突也漸漸浮上檯面。克容不肯練琴，剛開始在好言相勸下勉強為之，之後逐漸變成交換條件式的利誘，然後是我坐在旁邊緊迫盯人，最後是雙方都發脾氣，不歡而散。

但是我不願面對事實，認為只要假以時日，總有一天會引發興趣。鋼琴老師或許是看得多了，或許是個性比較世故圓滑，克容彈得再差也從不動氣，小禮物照送，而家裡流洩出來的鋼琴旋律總是那些初階的練習曲或應景的聖誕、年節簡單歌曲。

就這樣因循苟且、拖拖拉拉地竟也度過七年。克容到後來根本完全不練習，只有老師來的時候才碰琴，所以他的琴藝水平幾乎是原地踏步。而我當然並未完全姑息，只是每次叨唸不但沒有效果，還常引爆母子間的不快。到後來他鄭重宣布，再也不要學琴了，我雖然遺憾，倒也爽快地立刻同意。

可凡四歲的時候主動要求也要學鋼琴，

鋼琴戰爭史

我想她是羨慕哥哥每次上課都有小禮物可拿，老師帶來的禮物多半是造型可愛的小文具，不論是鉛筆、橡皮擦、書籤、小本子……都讓可凡愛不釋手。她從小就對玩具沒啥興趣，但對故事書和文具卻有無法抗拒的喜好。

我覺得四歲學琴早了點，而且懷疑她的動機是受到小禮物的誘惑，所以沒有答應，要她等個半年再說。沒想到她竟然私下向老師表達強烈學琴意願，還要老師來說服我。

於是小可凡也正式拜師，至少在起步上看來是主動的。或許是老師的個人風格，或許是我們做家長的不夠積極，可凡學了幾年後，進步還是非常有限。反觀鄰家的孩子，學琴不過兩年已經彈得行雲流水，而且曲目艱深華麗，不像我們家總是停留在簡單陽春的旋律裡。

這期間當然有動過更換老師的念頭，一打聽下就打了退堂鼓。名師嚴格選擇學生，素質不夠不收、練琴不勤退學、上課要配合老師時間、鐘點費高、沒有到府服務這回事、路途遙遠要準時接送……，所以除了孩子有天賦、有興趣，還要家長有堅強的意志力，投注相當的時間、金錢和精力，才比較可能有所成就。

哥哥中輟學琴後，可凡也愈發意興闌珊，我雖從未指望她能在音樂上大放異彩，但覺得這樣拖下去徒然浪費金錢時間，沒有意義。多方打聽，總算在住家不遠處找到一位要求嚴格的老師。

沒想到上第一堂課，可凡就大受打擊，老師說她指法不對、節奏感差、樂理基礎薄弱……從小就自律甚嚴，各方面都備受誇讚的可凡受此震撼教育，初期還奮力求好，但隨著老師不斷的批判挑剔，反彈情緒越來越高漲，而我也跟著焦慮，不停地督促她加緊練習。她漸漸顯露疲態，開始逃避。

有一次上課時間到了，可凡竟遲遲不肯動身。我多次催促後也動了肝火，提高嗓門數落。她噙著淚水憤怒地衝出門，我從未看過理性溫和的她有這種激烈反應，心裡懊惱不已。

過了一陣子，憤怒的老師打電話來，說可凡坐在鋼琴前不言不語，也不肯彈琴，任老師軟硬兼施都不就範，僵持了快一節課，老師氣瘋了，說從未遇過這種學生，沒辦法再教她了。

於是我又進一步地瞭解了可凡的個性，她想學的時候擋不住，不想學的時候也絕對無法強迫。有了這次不愉快經驗，加上哥哥之前的七年抗戰，鋼琴幾乎變成家裡的禁忌，沒人願意再提起。

事隔半年後，可凡偶會翻出樂譜自娛一番，剛好此時有一位頗具經驗的老師搬到我們家對面，可凡主動表示想要再恢復學琴。我很高興，也支持她的決定，但在心理上有了清楚的認知：這將是她的樂趣，而不是我的期望。

很幸運，這位老師在專業上有所要求和堅持，但在態度上卻是溫和的、鼓勵的。可凡很迷戀老師家平台式鋼琴的音色，也很欣賞老師高超的技巧和充滿感情的詮釋。我看得出可凡一步步重拾信心，也聽得出明顯進步，但最重要的，這是一個主動的選擇，而且是在愉悅的氣氛下進行，我們家的鋼琴戰爭算是告一段落了。

英文老師

學習英文的經歷與心得

對於兒童學習英文，各方專家有分歧的理論和看法，政府一再修訂相關法令，而許多家長也無所適從，但是無論怎樣爭辯，兒童美語補習班林立是不爭的事實。

我不是專家，但也有自己的看法。我覺得在不輕忽本國語的狀態下，提早學習外國語對孩子應該是有好處的。但是對於把小孩送進「補習班」，心裡上有排斥感，於是不惜花費較高代價，延請美國老師到家裡來教學。

記得第一位老師姓「Little」，人如其名，在白種人裡應是罕見的小個

可凡説故事給英文老師史蒂芬聽

子，個性也是少有的害羞內向。當時兩個孩子都小，完全沒有基礎，雙方只好用比手畫腳或圖畫來溝通。這種方法若是在全美語環境，應該是最自然的學習型態，但是我們一星期只有幾小時的上課時間，顯然沒有效果。上課時間越來越安靜，他們已經培養出無聲勝有聲、僅靠肢體動作就溝通無礙的默契。三個人安靜地畫圖、作美勞，我算是用超高價請了位保母。

於是我另覓良師，找到鄰近一家先生是美國人，太太是台灣人的家教班，另外有幾個小朋友同班。這位大衛老師比較有經驗，自編教材，也會帶動氣氛，而他太太更是稱職的助教，除了輔助教學，還會烘焙點心招待。兩個孩子總算打了點底子，對上英文課也很有興趣。

可惜好景不長，大衛也不知是先天體質或是在異鄉壓力過大，精神狀態開始不穩定，菸癮變得奇大，有時甚至會向我抱怨，說老婆把他當搖錢樹，課程排得滴水不漏，好不容易盼到休假，卻又得和老婆娘家人廝混，又聽不懂他們在說什麼……我一開始認為這只是異國婚姻的適應不良，不以為意，沒想到過了一陣子，他竟然徹底崩潰，被送進了精神療養院，真是令人震驚與難過。

接下來的老師是位朋友的英籍太太，她的一口英國腔固然典雅悅耳，可惜不太會運用教學技巧，孩子們上課時興趣缺缺，呵欠連連，沒上幾個月就開始抗拒，學習意願低落。

良師難尋，我只好向現實妥協，開始評估坊間的兒童美語補習班，最後選定一家老字號的。由於兄妹倆都有了點基礎，經過測試後跳級到程度相當的班級。

這家補習班的制度完整，除了有教材、進度、作業、還有考試，考試若不過便不能升級，必須重修。此外，還有電話訪查，由老師直接打電話到家裡和孩子對話，作為小小的測驗。而師資大都不錯，由外籍和本國老

全家與史蒂芬及其母瑪莉莎合影

師搭檔帶領。上課時常以遊戲或分組競爭的方式進行，表現好的還有小禮物做為獎勵。

這種有系統的教學，加上有同儕的競爭，似乎效果不錯，至少對我們家孩子而言。兄妹倆一星期上兩次課，循序漸進地一級一級往上升，音標學會了，文法有點概念了，字彙增加了，不但可以閱讀文章，還可以寫短文，聽力有進步，口語也常有上台磨練的機會，最難得的是，歷時兩年，他們對上英文課一直興致盎然，成績也不錯，可凡在班上都保持第一名，雖然她的同學都比她大上好幾歲。

後來回想，原先找老外到家裡啟蒙看似效果不彰，但其實讓孩子一開始就接觸道地的腔調，還是有影響。兩個孩子的發音都很好，尤其是可凡，大概因為她和老外開始互動時只有三歲吧。另外的收穫就是，他們對西方人的一些習慣、想法、禮儀有了初步的認識，雖然粗淺，卻是第一手的心得。

補習班的課程告一段落，雖然還有進階班，但是我覺得基礎已建立，接下來該靠自修的功夫了。家裡有許多親朋好友送的二手英文故事書，我便利用晚上的時間，和他們一起朗讀。克容未久就失去興趣，不願參加，寧可自己翻閱英文的籃球雜誌。可凡倒是很喜歡，於是我們倆一人朗讀一段，遇到生字或不懂的地方，可以馬上解釋給她聽。

就這樣經過了一陣子，可凡對英文書的興趣大增，電子字典查起來很方便，我就漸漸偷懶，不再陪讀。她本來就愛看書，從此擴大閱讀範圍，沈浸在各式各樣的故事裡。

過了相當時日，我發現兄妹倆閱讀能力固然有進步，在學校裡的英文成績也是名列前茅；但是聽、說、寫的功夫卻不行。於是再度延聘外籍老師到家裡，加強這三方面的訓練。

經人介紹，來了位大帥哥史蒂芬，身高六呎，金髮碧眼、溫文儒雅，氣質和一般美國青年迥然不同。後來才得知他在大學以前都是在家受教育（home schooling），父親是牧師，母親是教師，而他生長的環境在蒙大拿州的國家公園旁，優美靜僻一如世外桃源。

由於學費不便宜，孩子的課餘時間也有限，於是一星期只在週末上一次課，每次一・五小時。我要求他們在課前各寫一篇文章，當堂再交由老師修改。在口語部分，除了每次選一個主題討論，可凡最喜歡拿出中文故事書，當場口譯給老師聽。

史蒂芬和我們頗為投緣，相處得像好友一般。可惜後來因為太忙，無法再擔任家教；倒是他母親、弟弟、妹妹陸續在暑假訪台，也都到家裡來教過孩子們。他們全都有教學的天分，也都氣質出眾，尤其是母親瑪莉莎，令人如沐春風，難怪在家自學可以調教出三個優秀的孩子。

學習語文要靠累積，而且是一項終身不懈的習慣。兩個孩子在英文方面算是有個不錯的開始，但離真正的「精通」還差得太遠。我所能提供的只是一個「友善的環境」，讓他們對學習保持興趣，以後若要更上一層樓，還是得靠他們自己的毅力和努力。

貓咪與狗狗

小孩與寵物的互動

我大概是因為沒有兄弟姊妹，小時候結交朋友的能力又差，兒時最親密的玩伴都是小動物。家裡院子大，除了狗、貓、兔子，還有不少隻雞。母雞原是鄉下一位親戚送來的年禮，愛動物的父親囑咐不可宰殺，後來更去養雞場買了一些蛋回來讓她孵，以免「形單影隻太可憐」。於是黑色矮小的土雞驕傲地領著一批白色高大的「洋子洋女」，成為我家院子有趣的景象之一。

後來自己成家，一直是住宿舍公寓，偶有飼養動物的念頭，都被凱風勸阻。再加上小朋友陸續報到，生活更形緊湊忙碌，愛和動物親近的天性就一直被壓抑著。

直到兩個孩子可以清楚表達自己的意見時，我們家想養動物的態勢已很明朗，三比一。剛好樓下鄰居想割愛一隻黃色的小波斯貓，當時八歲的克容慷慨的用他積存的壓歲錢，以五千元成交。氣急敗壞的凱風做最後的掙扎，揚言道：「貓進家門，我就出走！」我們三個氣定神閒的異口同聲：「Bye Bye」眼看這招完全不管用，凱風只好退而求其次：「所有貓事，你們自己負責，我是絕對不會管的！」

但是貓咪的可愛很快就融化了凱風的立場，他反而變得最沒原則，任由貓咪撒嬌淘氣，簡直是把對孩子小時的呵護都轉移到貓身上。後來因緣際會我們又收養了兩隻「棄嬰」貓咪，兩個孩子小小年紀就體會了當父母的辛勞，忙著餵奶、清理排泄物、陪牠們玩耍。貓咪有時闖禍，打翻了水杯、弄破了書

可凡常做小貓的保母

本，或是把食物藏在球鞋裡，他們咕噥一下也都懂得包容，幫忙善後。

所以我常鼓勵做父母的，當孩子要求養寵物時，不要因為怕麻煩而一味反對。現在家庭孩子少，很容易被過度照顧寵愛，導致自我中心意識太強，只會接受不願付出。當家裡有比他們更小、更不懂事的成員時，孩子在相處過程中，關心、照顧、包容成為習慣；除此還可以領略對另一個生命的付出而得到的喜悅和快樂，這不就是能夠愛人的能力？

我們家除了三隻養尊處優的貓，還常常充當「中途之家」，接待尚未找到收養家庭的流浪動物。也不知是碰巧還是動物的感應本能，我們有時一打開門，就會有一隻無家可歸的狗端坐在門口；客廳的陽台常有松鼠來造訪；而每日例行散步的途中，除了一路吸引附近的狗兒歡喜相隨，也經常遇到一整窩被人遺棄的小狗或小貓。照顧這些過渡客之外，可凡還愛向鄰居借狗在社區裡溜達。我記得她那時剛上過幾天幼稚園，有了「同學」

克容觀察貓咪

這個新字彙和觀念，有一天聽到她用清脆稚嫩的嗓音，向鄰居解釋那幾隻狗的關係：「糖糖是甜甜的妹妹，甜甜是努比的同學……。」

有一次逛花市，看到一個義工團體「紅項圈流浪動物協會」在擺攤送狗，我正趨前準備捐款，忽聞有人稱我「師母」，原來是凱風早年的學生，正好擔任協會總幹事。經由她的引介，我也結束單打獨鬥的狀況，開始和協會義工並肩合作，希望能更有效地為苦難的流浪動物盡一份力量。

我們除了呼籲人們不要棄養寵物，鼓勵以認養代替購買，也推動「就地認養」的觀念。於是交大、清大、科學園區、大賣場、汽車拖吊場、便利商店門口、小吃店……都有戴著紅項圈的狗，牠們是經過結紮、醫治，有義工負責餵養的成年流浪狗。這樣的安排是為了因應大多數家庭居住空間有限，即使有心也無法收養為數眾多的流浪動物，經過溝通，不少機構或公共場所願意接

12歲的大姊大—小灰

受這些「經過管理」、友善安靜的狗。至於外型討好、有品種的，或尚未成年的小狗小貓，比較容易找到收養家庭，我們除了上網傳佈資訊，還利用週末花市、各類園遊會去設置攤位免費贈送。

兩個孩子自然成為我的最佳小幫手，不論是去攤位協助辦理領養手續，或召集同學隨我一起去市政府的動物收容所幫忙打掃、溜狗，還充當宣傳短片的演員。有一陣子我常公開演講，孩子們也會跟著分發資料，或帶著狗貓現身說法。長期耳濡目染下，他們對「尊重生命、愛護動物」的理念和作法都有深刻的體認，不但也會寫寫文章侃侃而談，在同學之間更成為諮詢對象。

我發覺大部分的孩子原本都對動物好奇、有興趣，可惜很多家長基於保護心理，都會告誡：「小心！牠會咬你！」「不要摸牠，髒！」「再不乖，狗狗來咬你囉！」這種習慣性地嚇阻，阻隔了孩子和動物親近的機

養尊處優的Tiny & Mighty，原來都是小棄嬰呢。

會。還有很多孩子強烈地渴求擁有一個動物夥伴，但往往得不到父母的允許和支持，甚至眼睜睜地看著撿回家的小生命再度被丟棄。兩個孩子就多次帶回同學託付的小動物，「×××好可憐，他父母不准養，還大發脾氣……」；當我們三個一起忙著替小客人洗澡、上藥，張羅吃喝時，他們會有感而發：「媽媽，我覺得我們好幸運噢！」

怕怕的故事

從小做義工，培養柔軟的心

我們住的宿舍有很大的院子，內有兒童遊樂場、沙坑、大樹、草地，環境很好，住戶們都慣稱這個社區為「村子」。有一天我在上班，忽然接到鄰居太太的電話，說在滑梯後面發現了一窩小狗，眼睛都還沒張開，是村子裡的一隻流浪狗生的，她知道我平常就特別關心動物，所以叫我去幫忙處理一下。

我們把那一窩小狗抱出來，有白的、咖啡的、花的，一共四隻，很可愛。母狗焦急的在遠處望著，她瘦得皮包骨，看起來很憔悴狼狽。這時已是深秋，天氣漸冷，如果按照村子裡一些討厭狗的人的做法，把母狗趕

可凡（左一）與同學帶動物收容所的流浪狗出去溜達

走，這些小狗必死無疑。於是我和幾位鄰居商量，決定暫時照顧這些狗，等牠們斷奶了，再想辦法送人。

這隻母狗非常警覺，儘管餓得發昏，也不肯靠近拿著牛肉罐頭的我，一定要等我離開一段安全距離，她才狼吞虎嚥我留下的食物。但我一定要先想辦法捉住她，將來才能帶她去醫院結紮，再找人收養。於是我向別人借了一個有機關的大籠子，只要狗一踏入，籠子的門就會快速自動關上。

我把小狗們放進籠子，裡面還鋪了乾淨的報紙。但這隻聰明的狗媽媽完全知道我的詭計，她在籠子外徘徊良久，她知道一踏入就會失去自由，但又不忍心孩子們挨餓，她必須給孩子們餵奶，最後她一臉慷慨赴義的表情，進去了。從此開始了我替她坐月子的時光，每天供應充足的食物、清潔的飲水、更換乾淨的報紙。

在這一個月的時間裡，這個養狗的小角落成為全村小朋友最關心的焦

克容與同學去動物收容所做義工

點。每天一放學，他們就聚集在籠子旁，幫忙換水、換報紙、抱小狗玩，一隻全白的被叫做北極熊，咖啡色的叫巧克力，花臉的叫蒙面俠，四隻白爪子的叫白手套。小狗因為狗媽媽吃得好，奶水充沛，所以也長得胖嘟嘟，肉滾滾的，非常可愛。狗媽媽還是很怕人，每當有人抱小狗，她都流露出緊張焦急的樣子，但是她很溫馴，從來不會對這些小朋友兇。

等小狗可以吃固體食物了，我也在網路上找到四位願意收養他們的同事。克容、可凡很捨不得和他們分別，但因為我們家已養了三隻貓，實在不方便再養狗，只好忍痛和牠們說再見，並祝福牠們能擁有疼愛牠們的家庭。接著必須做的就是把狗媽媽送去結紮。狗的懷孕期只有三個月，一胎又可生好多隻，如果不結紮，很快又會有一堆小狗被繁殖出來。

我給這隻母狗取名「怕怕」，因為她真的很膽小，我餵養了這麼一陣子，她還是和我保持距離，更別說其他人了。怕怕做完結紮手術，完全康

和流浪狗做好朋友

復後，我把她送給了一位家有大院子的朋友。狗的地域性很強，我們怕她跑回村子，還特地買了項圈和鏈子拴住她，打算等她認同新家後再放她自由。

沒想到才過一天，怕怕就跑回來了，肩膀上還帶著碗口大的傷口，深可見血管，應該是逃跑時被什麼銳利的東西刮的，我的朋友很無奈的把被她弄斷的項圈給我看，到現在我們還想不出她是怎麼辦到的。她有這麼強烈的意念要回來，除了習慣村子裡的環境，恐怕也是記掛小狗們。她不能理解小狗已經被送走了，每天在村子裡尋尋覓覓。

誘捕她的鐵籠再也不管用了，她總是離我遠遠的。看著她身上的大傷口，我不忍心不管，於是每天晚上偷偷地把食物藏在樹後留給她。為什麼要偷偷地？因為村子裡有幾位非常討厭動物的人，他們看到流浪動物就很兇狠的驅趕，用棍子、石頭，甚至彈弓。當初我幫怕怕坐月子，是說好一個月後就會把他們都送走的，這些人只好暫時忍耐，現在如果發現我還在餵養怕怕，他們會罵我沒公德心，而且會想盡辦法趕走怕怕的。

討厭動物的人當然有他們的理由，說動物有跳蚤、隨地大小便、翻垃圾桶、夜裡亂叫……這些都是事實。但他們沒有深一層的想，造成這些現象的原因是人。人把自己的地盤擴張得奇大無比，其他動物的生存空間被壓縮得越來越小，每天都有好多種動物絕種，這是很可悲的事。狗或貓這類比較普通的動物，雖然不至於絕種，但許多卻過著非常悲慘的日子。如果把怕怕趕走，也只是把問題丟給別的地方的人，並沒有真正解決問題。

但是我那些恨狗的鄰居不這麼想，他們一再向村長施壓，要求他找捕狗隊來捉拿。捕狗隊抓去的狗，暫放偏僻的收容所，裡面的環境很惡劣，許多狗餓死病死，慘不忍睹。僥倖未死的最後也難逃被處決的命運，而一些經費不足的收容所，更是用電擊或淹死的殘酷手法來解決數目龐大的流浪狗。

怕怕在認識我以前神出鬼沒，很少有人注意到牠，但自從我和兒女餵養牠後，牠對人類多少有了一絲信任，常常坐在草地上，遠遠的望著人或搖搖尾巴。夜裡開始巡邏，稍有動靜就會吠叫示警，她大概覺得吃我們一口飯，一定要盡些看門的責任，卻沒想到這種示好的行為，讓恨狗的人更有理由除之而後快。

當時的村長很能認同我的想法，就是「地球不是專屬於人類的，人和動物之間應該有比較文明的相處之道」。怕怕已動過結紮手術，不會再生小狗，身體很健康，上廁所也是在人跡罕至的偏遠角落。她對村裡的人很羞怯友善，晚上又發揮守衛的功能。我們偌大的村子，真的容不下一隻狗嗎？於是村長對那幾個人好言相勸，怕怕也就暫時安全了。

但在這段時間裡，我還是和樓下的一位鄰居發生過不愉快。他有一天氣沖沖的警告我，說我如果再餵怕怕，他就要去買彈弓來對付她。而他讀小學的女兒在旁邊提醒說：「不需要去買啊！我們家有彈弓啊！」我聽了又氣憤又痛心，覺得他身為大學教授，竟然如此教育小孩。人們一方面抱怨社會充滿暴戾之氣，一方面在處理事情時，首先想到的就是暴力。

於是打狗趕狗是正大光明的，照顧狗反而必須偷偷摸摸。我和兒子女兒輪流每晚拿食物下去，都小心翼翼，深恐被發現，怕怕不願意在我們的監看下進食，所以我們放下食物後就回家，過二十分鐘後再下樓去取碗，不留任何痕跡。但儘管行事小心，恨狗的人還是知道我們在餵狗。這種提心弔膽的日子過了一年。

新的村長上任，我也立刻文情並茂的給他寫了信，希望他能了解怕怕的故事，包容它的存在。但好景不長，有一天他說村裡有兩位教授向他抗議，強烈要求找捕狗隊來抓狗。我想「兩位」相對於全村數百人，真是絕對的少數。但為了不為難這位新村長，我允諾停止餵食，讓怕怕恢復野狗生涯，餓肚子、虛弱，或許夜裡就不會再多管閒事的吠叫了。如果他們還是堅持找捕狗隊來，抓到的話請務必通知我，因為我已在芎林找到一位朋友願意收養她。

當時正值隆冬，每晚我下班時，怕怕看到我都會像往常一樣衝出來，總在離我幾公尺遠的地方熱切的搖著尾巴，不時伸個懶腰，眼神裡充滿了歡欣期盼。我和她打了招呼，想到今晚她又要挨餓，在這麼寒冷的夜裡，露宿在草地上，心裡難過極了。但為了堅守我對村長的承諾，狠下心，不餵她。

過了一陣子，我連著好多天沒看到怕怕。心想她大概對我是徹底絕望了，恐怕正四處去想辦法覓食呢。沒想到晚上接到村長電話，輕描淡寫的說忘了告訴我，怕怕已被抓走一星期了。我在驚駭中憤怒極了，當時和他約定，狗抓到後要立刻通知我，因為有人願意收養她，而且我還特別告訴村長，狗被抓入收容所，通常一星期後就會被處決。而他就是等滿了一星期後才告知我，這是什麼居心?兒女們聽到這個消息，都很痛苦，因為他們也和怕怕建立了雖然有距離，卻又很親密的友誼。當天是可凡九歲的生日，她哭了一晚。

第二天一早，我就趕到南寮收容所去詢問，工作人員陪我一間一間的牢房看過去，天氣又溼又冷，各式各樣的狗瑟縮、驚恐地看著我們。我在擠成一堆一堆的狗隻裡努力辨認，有幾隻長得很像怕怕，但不是她。我很想哭，不全是為了怕怕，而是看到這麼一兩百隻的狗，牠們無辜的眼神、顫抖的身軀，想到牠們經歷的悲慘命運，而我什麼都幫不了。

我找不到怕怕，一路哭著回辦公室，向紅項圈的好朋友們求援。我整天心神不寧，腦海裡浮現許多片段畫面，從撿到怕怕生的小狗、設計誘捕、替她坐月子、分送小狗、送醫結紮、怕怕負傷跑回，到我每晚餵食、夜裡聽到牠叫，就由三樓衝到院子裡，告誡牠要安靜。這一年，花了不少時間和精力，但全部的努力仍抵不過少數幾人的仇視，牠還是沒有活著的權利，一隻健康、年輕、友善的狗。

我失魂落魄的回到村裡，向門房伯伯詢問抓狗當天的情形。伯伯說捕狗隊來的時候，由我那位用彈弓的鄰居領路，三面包抄，用大網子逮到的。我想到膽小的怕怕，奮力奔逃掙扎的情景，眼淚又流了下來。再想到她從前完全不信任人類，隨時警覺，才能在過去的歲月中苟存。但這一年因為我們的照顧，她對人的警覺放鬆了，才會被捕。是我害了她，我的心真的好痛。

又過了兩天，收容所通知紅項圈的朋友，說找到一隻特徵符合怕怕的母狗，叫我們去辨識。我懷著緊張的心情，再度去到那令人沮喪的地方。

是牠！是牠！牠縮在鐵籠的一角，不停的顫抖，身上又溼又髒，瘦了一大圈。牠眼神渙散，任我們如何呼喚，似乎聽不到也看不見。牠被嚇壞了，徹底崩潰了！

我那住芎林的朋友聞訊後趕來，立刻辦了收養手續，也不顧怕怕身上的骯髒和惡臭，用大毛巾裹好，抱牠上車，帶牠回家。朋友家已收留了十一隻狗，六隻貓，早就超過負荷。但為了搭救怕怕，仍然慨然收養。朋友說，他最怕去收容所，那麼多雙無助的眼睛，看著他只救一隻出去，他好內疚，也充滿無力感。

夜裡朋友打電話來，說他替怕怕洗了個熱水澡，用吹風機一邊替牠吹乾，一邊安撫她，再把牛肉放在手掌中餵牠。朋友要我轉告兒子女兒，叫他們放心，怕怕今天晚上會睡一個很溫暖舒服的覺。當天是十二月二十四日聖誕夜，我流著淚，對我的朋友說：「謝謝你，可凡前幾天收到的生日

怕怕坐在鋪了毛毯的椅子上

禮物很可怕，但你今天補償了她一個最棒的聖誕禮物！」

怕怕在朋友家總是瑟縮在地下室的一張椅子上，持續顫抖了一星期。牠身上有不少在收容所被其他狗咬的傷口，所以對朋友家的狗群充滿警戒與敵意，對人更是恐懼害怕。尤其是朋友用拖把或掃帚清理環境時，牠更是嚇得四處逃竄。因為這些工具在記憶中都是傷害牠的武器。朋友以最大的愛心與耐心待牠，每天輕聲和牠講話，把食物放在手上餵食，而家裡那群善良熱情的狗，也以最大的包容對待怕怕。

兩個月後，怕怕漸漸與其他狗建立友誼，尤其和一隻全黑的大狗「黑豆」最有交情，每晚當其他狗都在客廳睡覺時，黑豆都去地下室陪牠。這段期間我和可凡去探望過怕怕一次，牠仍然趴在地下室的椅子上，看到我們時搖了一下尾巴，然後就不由自主的顫抖起來。朋友非常驚異，說她已經很久沒有害怕發抖了，我說她不是害怕，是激動。看到我們讓她想起許多往事。除了我們餵她時的一絲溫馨，她在村子裡受到的待遇多是別人的嚇唬、驅趕、捕捉。我們的出現，讓她想起了過去不堪的歲月。

我們沒有急著和她親近，先去客廳和其他貓狗玩耍。想到怕怕以前餐風露宿、挨餓受凍；現在不僅被養在室內，還可坐在鋪了毛毯的椅子上，吃的也是最好的狗食。牠的前半生和後半輩子，真是傳奇性的截然不同啊！過了一會兒，我們再下去看她時，怕怕已鎮定下來，向我們搖尾巴，伸懶腰，很高興的樣子。

我和朋友不時會通電話談談怕怕的近況。牠受傷的心靈顯然在穩定恢復中。偶爾會走出地下室，到院子裡溜溜，漸漸的，也敢進屋去看看，慢慢的，也會和其他狗一起睡在玄關裡。然後，我的朋友做了件冒險的事，放牠和其他狗一起出大門散步。

怕怕從未當過「家犬」，從前我捉到牠時，曾打算用鍊子牽牠，但牠一套上頸圈和鍊子，立刻變成木頭般僵硬，連路都不會走了。朋友也沒鍊牠，覺得牠應該不至於逃走。果然，牠在戶外奔馳了一陣子，到處聞聞嗅嗅，熟悉環境，然後很快樂的自動回家了。這是牠被收養四個月後的事。

怕怕的故事有個圓滿的結局，從命在旦夕的野狗變成深受寵愛的家犬，吃得好、住得好，有一大堆玩伴，還有自由散步的時光。每當我想起怕怕，雖然覺得過程坎坷，但還是值得。和兒女們談她，欣慰快樂的感覺更是充滿胸膛，是的，我們救助了一個生命。

陽光男孩

哥兒們的交情

孩子小的時候依附父母，到了幼稚園算是初步有了社交接觸，這時個人性向和後天學習的交互影響就會呈現出來。有時看著那麼小個人兒自行做出一些出人意表的舉動，煞是有趣。

記得克容四、五歲時，我替他邀了幼稚園的小朋友到家裡玩，一群精力旺盛的小傢伙把他房間搞得一場糊塗。快散會時，克容忽然拎著一桶我替他們準備、還無暇吃的零食，大聲宣布：「誰幫忙收玩具，就可以得到一包糖果！」小傢伙們立刻動員，把房間收得還算像樣，我很驚奇他的「管理長才」，事後想想，或許是模仿幼稚園老師的帶領技巧，但能適時

克容的生日派對

靈活運用倒也不簡單。

小學階段，社交需求更進一步，克容會在生日節慶時主動要求做小主人，邀請同學來家小聚。我也都盡力配合，提供場地吃喝，甚至幫忙設計遊戲、準備小獎品，所以每次派對都賓主盡歡，留下一堆珍貴照片。

只有一回把我和凱風都嚇壞了，那次派對剛開始沒多久，幾個男孩興沖沖地衝到後院籃球場玩，其中一個竟一頭撞上突出的牆角，頓時血流滿面，狀甚駭人，凱風立刻送他去醫院急診，我則緊急聯絡他父母，他母親趕來時雖迭聲說不要緊，這孩子從小毛躁、身經百傷，他們已經習慣了，但我們還是驚魂未定，歉咎不已，沒想到在家辦個小慶生派對竟然也會出意外。

但我們倒也沒有因噎廢食，只要孩子們有聯誼活動，不論在家裡或別人家，我們都很鼓勵。克容還曾到幾個要好的同學家過夜。有些人家一派自由，居家生活閒散安逸，有位爸爸卻因是行伍出身，在家採行軍事化管理，讓克容心生敬畏、印象深刻。這些外宿經驗，讓他見識到不同的家庭型態，從而瞭解、包容各人的差異，是個挺不錯的成長經驗。

到了國中，活動範圍擴展不少，開始要求和同學外出，不論是打球、游泳、看電影，當然都不歡迎我們同行。這是初期青春期的徵兆之一，急著擺脫大人的照顧和監控、急著驗證自己的能力和自主性。這個時期我們給他適度的自由空間，但也非常密切注意他的交友狀況，因為此時同儕的影響力越來越顯著。好在克容最大的興趣是打籃球，談得來的朋友全是馳騁在球場上的伙伴，倒也單純。

這個階段的女孩似乎勇於表現對異性的興趣，克容開始收到不少愛慕者的信件卡片，一到生日或情人節，我家信箱就塞滿了各類禮物，從巧克力到T恤都有。而這尚未開竅的傻大個兒，只會把好東西和好朋友分享，而好朋友一概是打球的哥兒們，心裡眼裡都覺得女孩子「非我族類」，沒辦法玩在一起。

我有時還需提醒他，禮貌上應該回覆人家的信件，也該回送禮物，他卻覺得太麻煩，大概傷了不少小女孩的心。一直到國中快畢業，才悄悄向妹妹透露，喜歡同校一個漂亮女生。後來我翻閱他的畢業紀念冊時，隨意指著一個女生說這位蠻可愛，有點像年輕時候的我。克容很驚訝，我居然在一百多個女生裡挑中他心儀的對象，可見母子還滿有默契的。

克容進了高中以後很明顯地進入叛逆期，尤其是升高二的暑假，和朋友在電話裡有說有笑，尤其和當時的小女友，常常到了半夜還在煲電話粥；但對我們卻是桀傲不馴，似乎總是充滿了憤怒，要麼不太搭理，要麼就是反唇相譏。我們雖然知道是他體內的荷爾蒙作祟，但還是氣得咬牙切齒，我有時甚至難過落淚，覺得那個乖巧貼心有默契的兒子不見了，眼前

克容（左二）與同學

這個六呎之軀既陌生又不可理喻，回想從嬰兒期開始投注在他身上的用心和教養，真是挫折又氣餒。

幸好一年後他「恢復正常」，又變回溫和理性的個性，凡事願意和我們溝通分享。可能也是因為高三的升學壓力，他主動和小女友協議分手，各自為學業打拚。假日又恢復和哥兒們痛快地打球，平時一塊兒K書，甚至還互剃超短平頭，以示發憤圖強。

高中時期結交的好友真是有點肝膽相照的味道，大家同甘共苦，互相打氣，彼此之間的相知相惜比國中時成熟，卻又比成年後單純。克容的幾位好友雖各有特質，但基本上都是頗知分寸、很正派的男孩。其中生長在清寒單親家庭的志中，最令我疼惜。他是籃球校隊裡的靈魂人物，一身結實勻稱的肌肉都是打工鍛鍊出來的，困苦的環境完全沒有磨損他開朗的個性，笑起來一口白牙，又懂禮貌，非常可愛。

考完大學的暑假，大家起鬨要志中去參加「陽光男孩」的競賽，他一路過關斬將，取得桃竹苗區的冠軍。去台北參加決賽前，我特地把他找來培訓一番，模擬走台步、自我介紹、機智問答，我們一家四口充當觀眾，一遍遍演練。決賽當天克容、可凡和其他同學組成啦啦隊同赴台北加油，經過激烈的競爭，志中脫穎而出，獲得全國冠軍！

志中除了贏得一輛休旅車、五萬元獎金，還得到代言商品模特兒的合約。這份課餘的工作當然比從前打工的待遇好得多，也輕鬆得多。最重要的，這也是對他不畏逆境、一直走在正途上的一項鼓勵。他是名副其實的「陽光男孩」，除了外型高大帥氣，內在也是陽光燦爛；而在我眼裡，克容和他那些好友，個個都是可愛的陽光男孩。

內在與外表同樣陽光燦爛的志中

女孩的秘密花園

小女生的「社交生活」

可凡的幼稚園念得零零落落，幾乎整天待在家裡，一些沒上班的鄰居媽媽看她乖巧可愛，常會把她「借」回家玩一玩，尤其是樓下的郭媽媽，生了兩個兒子，特別喜歡女孩，一有空就把可凡帶著到處跑。直到有一次在馬路上緊急煞車，可凡坐在前座一頭撞上擋風玻璃，剛買的新車玻璃竟然龜裂成一片蜘蛛網，可凡一副無所謂的樣子，說一點也不痛，但已把郭媽媽嚇得魂飛魄散，從此不敢再帶她出去兜風。

我們的「村子」和一般社區不同，因為鄰居都是熟識的同事，大家比較沒有隔閡，許多年齡相仿的孩子都會互串門子，玩在一起。當別的孩子去上幼稚園時，可凡便在家看書、畫圖、看卡通。傍晚以後，她便可以和幾個女孩子到院子裡騎小腳踏車、在沙坑裡辦家家酒。她們還喜歡躲在房間裡，把媽媽的絲巾、披肩翻出來，披披掛掛，演起王子公主的戲碼。

上小學後，可凡立刻在班上結交到一些要好的同學，這時期男生女生壁壘分明，好朋友當然清一色都是女生。相對於男生們之間的粗枝大葉，小女生之間的友誼發展真是細膩複雜得多。她每天會向我細數，誰和誰比較好了，誰和誰又賭氣不說話了，誰和誰又說好一起不理誰了……聽得我頭昏眼花，想不起自己小時候是否也有過這種高難度的社交關係。

女孩之間的親善交際能力也讓同齡男孩望塵莫及。在學校上廁所、去福利社一定都是結伴而行；吃東西、喝飲料都喜歡交換嚐嚐；外套、髮飾、文具也要互換用用看；生日時極盡巧思互贈自製卡片和禮物，此時我才發現可凡有一雙巧手，不論是繪圖或美勞作品，都令人愛不釋手。

可凡（左二）邀同學在院中玩耍

升上中高年級後，可凡和同村的詠恩分到一班，兩人在課業上競爭激烈，爭取第一名，但私底下交情好得很，每天從早上搭校車就開始黏在一起，放學後還要在院子裡消磨好一陣子才肯回家。後院大榕樹之間有木頭、繩索搭建組合的樹屋，那是她倆最愛待的小天地，嘰嘰咕咕有聊不完的話題，這點大概也是男孩自嘆弗如的地方。

詠恩自小習舞，舉手投足身段柔軟，令可凡欽羨不已，回家也勤練劈腿下腰，後來更和班上其他女生共組團隊，努力排練，參加競賽。她們兩人對數理領悟力也不錯，一起參加了學校的「充實中心」課程，利用數學課的時段，試做一些和教科書進度較無關的邏輯推理題目。

這種動腦筋的挑戰是可凡很喜歡的遊戲，常在晚飯桌上考我們，我和克容都是怕傷腦筋的懶人，很快就失去興趣，只剩凱風有一搭沒一搭地和她討論。可凡有時到了臨睡前還不放棄，爬上我的床鼓勵道：「你用心想想，這題我也是想了二十幾分鐘才想通的，很有成就感，很好玩的！」我經過一天的疲累，只想輕鬆地躺著看看書報，佯裝思索了一番，說我實在弄不懂，要她直接講解。小可凡就在等這一刻，興致高昂、熱情洋溢地講完複雜曲折的解題過程，這才心滿意足地去睡覺。

升國中的時刻來臨，可凡未能如願抽中實驗中學，若有所失地進入了哥哥從前讀的社區國中；倒是詠恩中籤，繼續留在母校就讀，這更加重了她的失落感。我勉勵可凡說換個環境也很好，實驗中學的學生同質性太高，而一般學校卻是社會的縮影，及早接觸各式人等也是幫助自己成長的契機。

可凡此時已經出版了《夏綠蒂的網》譯作，小有名氣。她生性內斂，行事低調，但每節下課仍有別班學生簇擁在窗口爭睹她的面貌，也有多情的小男生會在她桌上放置飲料零食，更有不少同學寫信，表達愛慕之意。

披披掛掛真好玩，可凡（左二）是衿持的小公主

可凡多半會和我分享這些新經驗，而她因為無法就讀實中，若有所失的情緒也漸漸被好奇、迷惑與興奮所取代。

漸漸地，我對自己的「正面思考」越來越沒信心，開始焦慮環境落差可能帶來的負面影響。學校的課程太簡單，更談不上什麼讀書風氣，可凡的話題不再是借了什麼課外書，或解了什麼有趣的題目，反而都是某人染頭髮了、某人穿耳洞了、某人和男友kiss了，甚至於是某人下星期要上少年法庭，因為無照飆車被抓，要不然就是某人被別班的「扁」了。

我每天聽這些「新聞」聽得心驚肉跳，後來居然有「道上混的」學姊傳字條來要認可凡作乾妹妹，更糟的是我發現可凡有點心思浮動的跡象，好奇心誘惑她想對這些前所未見的現象一探究竟，但過去建立的價值觀和自律又提醒自己不可涉入，於是她的情緒有明顯的不安與煩躁，成績雖未退步，但看得出來她沒有很用心，對學習似乎也不再像從前那麼興致盎然了。

我雖經常耳提面命，要可凡謹慎選擇朋友，保持自己的好習慣，不要被眼前的光怪陸離干擾。但發覺每天四點放學回家的那段路頗令人擔心，走路十五分鐘的距離，她可以和同學邊吃邊逛耗掉一個多鐘頭還沒到家，而那個時段我們都還沒下班，無法有效約束。

想了多種方案，最後決定每天放學就雇專車接送她去一家美語學校上英文課，六點下課再由爸爸接回家。可凡一開始很排斥，覺得沒有必要再「補習」英文，好不容易才說動她去參加分級測驗，結果那位面試的美籍老師很有經驗，一番話談下來，再度激起可凡的雄心壯志，讓她心甘情願地去進修，後來發現這個班的同學只有一位和可凡一樣沒有國外生活的經驗，其他全在美國或加拿大住過，所以大家都很自然以英語交談，對可凡的聽力和口語能力幫助很大。

除了美語課填滿了可凡下課後的「空窗期」，詠恩此時和她的書信往來成為很重要的精神支柱。她們先是在信箱裡互留短箋，後來乾脆寫起交換日記。一本筆記本輪流記下所見所聞和心得感想，所以對彼此的遭遇和心境都有最即時的了解。在混亂的新環境中，詠恩捎來的訊息是一股安定的力量，而她在日記中記錄的勤奮努力，更是一聲聲對可凡的督促。

漸漸地，可凡的思緒沉澱下來，重拾對學習的熱情，也尋覓到幾個談得來的好友。她們有時合做理化實驗，或分工找資料、寫報告，或相約到頂樓觀察星星，或跟著我去流浪動物收容所做義工，幾個女孩在一起嘰嘰喳喳，其樂融融。假日當然也會相約去逛街、看電影、照大頭貼，還愛去「花巷草弄」，一家有花草、有玩具熊，座位是鞦韆的可愛咖啡店，痛快地聊一個下午。聊些什麼不得而知，那是她們的秘密花園。

可凡小學畢業照

可凡的第一次沙龍照

觀·念·篇

「在教養一雙子女的這條路上，

我也曾跟許多父母一樣，

受困於「比較」的心理、焦慮的情緒，

擔心孩子的表現和成就，但經過不斷的自省和調整，

我越來越能欣賞珍惜每個孩子的獨特性……。」

基因或教養

同一屋簷下的不同個體

兩個孩子面貌神似，但是個性和習慣卻截然不同。粗略來分，哥哥感性、對「美」的東西具有天賦品味，包括美食、時尚。對於人際關係裡的細緻微妙，更是有敏銳的感覺和掌握，但對一些「世俗」認定該注意的東西，例如金錢、考試成績、人生志向……就顯得漫不經心。妹妹理性，做事是「目標導向」，非常有毅力，對於有益於智識的事物，專注而熱情，對於學業、體育等表現都很在意，全力以赴，但對一些生活小節就顯得心不在焉。

大體說來，兒子像我，血型一樣、骨架相似、連走路有點外八字的

兄妹兩攝於花蓮太魯閣

樣子都很像。雖是男孩，卻注重整齊清潔，不僅自己打理得乾乾淨淨，連房間也收拾得整整齊齊。此外，感情豐富，很容易受到感動。從小對他說教，動之以情，他必感動落淚。心地善良柔軟，對朋友慷慨體貼，有人向他借球具、用品，他必把較好較新的出借。他的其他特質應該也是來自我的遺傳，例如對數理不感興趣、對文字語言卻有較好的領悟力；不介意「拋頭露面」，不管是上台演講、參加田徑賽、球賽，或是充當畢業紀念冊的搞笑模特兒，都欣然參與，凡事不愛計較，很少有「勢在必得」的企圖心。

女兒的個性明顯像凱風，血型也和爸爸一樣。他們都是行事低調，喜怒不太形於色，沈默寡言的人。她從小品學兼優，風光得獎，卻從不主動告知，總要我問起，才無所謂地透露，就像凱風許多「輝煌戰績」也是多年後他的同學聊起我才得知，他自己從來不說。

可凡十一歲時翻譯了第一本兒童文學《夏綠蒂的網》，報紙、電視爭相報導，她對這種狀況頗不自在，甚至婉拒了許多採訪邀約。兩年後又出版三十萬字的譯作《龍騎士》，雖然在哥哥鼓勵下勉強配合參加了一些活動，卻連最親近的同學都不知道。後來當然「紙包不住火」，她變得小有名氣，但謙虛內斂的個性倒是讓同學們對她始終以平常心看待。

父女倆看似「澹泊名利」，可是一旦確定目標，卻是積極投入，廢寢忘食，還自得其樂；平日對生活細節很不在意，很少聽他們說某樣東西好吃或不好吃，反正都可以吃。房間「亂成一團」或「窗明几淨」對他們而言也沒什麼分別，記得有次度假後返家，一進門哥哥就說：「阿姨來過了，家裡好乾淨。」妹妹則是狐疑地環視一番：「有嗎？你怎麼知道的？」

哥哥小時候考卷帶回家，我問他怎麼只考六十幾分，有什麼困難嗎？

克容小時候對恐龍著迷

他毫不在意地說：「還有人不及格啊！」仍然高枕無憂地先去打球。妹妹總是第一名，卻還要記錄其他幾個「潛在對手」的成績，作為警惕自己的數據。

這種差別顯然是基因的影響，於是我們的教養態度也要做不同的因應。哥哥對課業不太重視，我們就常需提醒，訓練他培養「專注」的能力，若有進步，就大加鼓勵。妹妹在課業成績上得失心太重，我們就常踩煞車，故意讓她「分心」，帶她出去運動或玩耍。我們的用心就是希望他們能均衡發展，不致向任何一方過度傾斜。

哥哥從小就對運動非常有興趣（這點倒不像我），尤其對籃球更是著迷，一直是學校的校隊球手，而我們對他花時間練球也一直很支持，因為不論是練習、比賽，除了鍛鍊身體，也可從中學到領導統御、團隊合作的經驗，並培養積極進取、努力不懈的精神。

妹妹從小愛看課外讀物，種類之廣泛，從中國古典章回到西方文學名著，從偵探推理到愛情小說，中英文都看，我們並不限制，讓她有足夠的空間自己去探索，而她確實也在其中得到莫大的樂趣。

每個孩子的性向不同，而社會的走向越來越多元，「成功」的定義在變，「成功」的道路更是大不相同；但很多父母還是以過去的經驗應用在孩子未來的發展，硬要孩子符合自己規定的框框，太過強調學業成績、就讀科系等「實際問題」，而忽略了個人天賦和興趣的差異。

我有一位老同學，最近煩惱得不得了，因為女兒從小在繪畫上展露才華，現在一心想專攻美術，卻被他們夫妻倆嚴詞否決，堅持孩子該去念理工，每天在家鬧得不可開交。我忍不住勸說當父母的要開明一點，甚至半開玩笑地說，若是林懷民、李安誕生在他們家恐怕也被扼殺了；但他們還是不為之所動。

另外一對好友夫婦之前也是對兒子傷透腦筋，不論勸誡打罵，軟硬兼施好多年，兒子仍然只愛玩樂，功課一塌糊塗。做父親的在失望之餘，仍能理性地觀察到兒子的特質，發現他對練習「劍道」很認真，再辛苦都甘之如飴，擔任校隊隊長也很稱職，可見他對喜愛的事自有責任感，也懂得帶人，另外對於所學的商科，其實並不排斥。於是做父母的豁然開朗，在住家附近熟識的早餐店、美容院、便利商店等替他安排打工機會，要兒子不計薪資，專心學習，學習成本觀念、行銷、管理、客服等經商之道。

去年兒子從商職畢業，這位擔任民航機駕駛的父親做了一個看來奇怪的決定，把兒子送到河南少林寺附近去習武練功！他的理論是，兒子本來就對習武有興趣，可以更上一層樓，把身體鍛鍊得更好；再者當地物資匱乏，生活清苦，兒子一年半待下來，將來在任何艱

院中的小木屋

困環境下都有較大韌性。再說，中國大陸是新興市場，處處商機，能夠和當地人打成一片，瞭解民情，再刻意觀察學習，為將來的從商之道預作準備。

這位父親每隔一、兩個月就和兒子相約在不同的城市見面，帶他認識朋友、考察市場。初到鄭州時，結識了一位開武術館的年輕人，這位爸爸以他獨到的眼光，建議年輕人開設租車公司，因當地缺乏這種服務業，不管對觀光客或當地旅遊者都不方便。而這位武術館長也是行動力超強，短短幾個月便生意興隆，目前已經擁有四十九部豪華進口車。

除了爸爸親自帶領，他也鼓勵兒子四處旅遊，自己安排行程和所有交通、住宿，踏遍大江南北。在兒子的「部落格」裡，我們可以看到他圖文並茂的紀錄，他當然是成熟了很多，也擁有了一般十九歲孩子不容易有的經歷。

這個故事還未結束，也不知道兒子將來是否可以成為成功的商人。但我很欣賞這位父親的另類思考，他自己當年是十四歲被送去念空軍幼校，調皮搗蛋、愛交朋友、不愛唸書……這也是他在兒子身上看到的特質；但他腦筋靈活，抓得到重點，對喜歡的事肯下功夫，退役前是神氣的幻象戰鬥機駕駛，退役後是優渥的民航機機長，而且隨著年齡增長，越來越懂得充實自己，不但投資眼光精準，令人稱羨，分析財經、政治、軍事、社會狀況，更是有獨到見解，令人佩服。

凱風和我向來認為「學習」應該是一個終身的習慣和態度，基因和教養，不需對立，作父母的應就孩子的性向因勢利導，讓他們對學習抱持興趣，培養信心，能在其中得到快樂和滿足，而累積出來的成績該算是額外的附加價值吧！

基因或教養2

表弟與表妹的轉變

小孩呱呱落地，父母親友都會爭相端詳，眼睛像誰，鼻子像誰…等年紀稍長，開始分析，個性像誰，脾氣像誰……，而各人的特質也隨著年齡增長越趨明顯，所以同一個屋簷下，同一套教養方式，往往造就出截然不同典型的個人。這樣看來，天生基因似乎對一個人的影響既深且遠，教養的功能到底能發揮多少功效呢？

凱風的妹妹比較晚婚，又因身體因素，久久未能懷孕，後來急起直追，在高齡階段連續生了三個孩子。夫妻倆對孩子呵護疼愛備至，無論孩子多麼淘氣搗蛋，總是「無為而治」，實在不像話了，才輕聲說道：「你

克容和調皮的小表妹

們再鬧，我要生氣囉。」孩子當然充耳不聞，兀自胡鬧下去。

他們和可凡年齡相近，照理說應玩在一起，很親密才是。但一方面因為居住不同城市，一方面也因性格習性相差太多，表兄弟姊妹間始終頗有距離。偶爾過年節慶要聚在一起，克容、可凡居然會對他們的造訪感到壓力。因為三個孩子無時無刻不在追打爭執，隨時哭鬧喊叫，甚至外出用餐也在桌下鑽來鑽去滿地爬滾，打翻東西、夾到手……驚險鏡頭層出不窮，著實令人緊張。

另外，這三個孩子的生活飲食等習慣也很極端，老大非常偏食，絕大數食物都不吃，往往一餐只吃少許白麵條，喜歡用筷子蘸醬油吃，以致營養不良，面黃肌瘦。老二剛好相反，愛吃炸雞、薯條及各種零食，小小年紀噸位就很可觀。老三男孩年紀較小，除了常受兩個姊姊欺負而哭鬧發脾氣，一時還看不出有什麼偏差行為。

我們因為難得見面，不好越俎代庖幫忙管教，有時實在看不下去，我也會板起面孔說一下，但是效果有限，幾分鐘後又恢復原狀。後來我和小姑還是不免為了孩子的教養問題而不甚愉快。

事情由菲傭繆帕而起，繆帕原在我的好友家幫傭，勤奮幹練又乾淨，我常笑稱他們家的抹布比我家洗臉毛巾搓得還白。後來朋友家因故不再需要幫傭，我便把繆帕轉介給小姑。沒想到才幾個月光景，繆帕有天搭火車來我家哭訴，一面說三個孩子多麼調皮，一面把身上被掐、被咬的瘀青斑痕給我看，說孩子都讀小學了，有時還在客廳地板上大小便，早晨都要在床上刷牙洗臉等等；除了老二比較憨厚，另兩個孩子一不如意就打她耳光，或掐或咬手臂大腿，而小姑總是心疼孩子，要她忍讓。她寧可背債也不願再做下去了，請我協助她返鄉。

我聽完憤怒極了，剛好凱風出國，我便逕自在電話中把小姑夫妻倆訓斥了一頓，並協助繆帕辦理回國手續。小姑頓失幫手，立刻陷入疲於應付的窘境，當然對我的插手也很不高興，於是我們好一陣子不再往來。

後來雖偶爾見面，我總覺得他們三個孩子的行為表現和年齡不符，明明已經不小了，好動喧鬧、製造麻煩還是一如幼兒。而小姑夫婦二人的個性其實都很溫和敦厚，也很斯文穩重，完全看不出有什麼霸道暴戾之氣，這樣看來，遺傳基因似乎又沒有扮演什麼重要角色。

這幾年聽說他們痛下決心，把三個孩子都送到一所佛教學校去住宿，平時不能探望，連週末都不可回家，僅有過年及暑假有短暫的返家休假。孩子們每天清晨五點半起床，梳洗換裝後背誦四書五經，六時許用早餐，然後上一般正規課程；下午通常有一、兩小時勞動課，參與種菜整地、修築設施；晚上溫習功課之餘，還要洗滌自己的衣物，並學習各種生活技能，如烹飪、縫衣等，九時半準時熄燈就寢。

我是基督徒，對於把小孩送進茹素、修習佛法的學校，不免有點質疑。雖很佩服他們夫妻倆的決心和對學校的信心，但又有點擔心原本養尊處優、嬌縱慣了的孩子，忽然被送進這麼嚴格的環境，能不能適應？尤其長時間和家庭隔離，是否矯枉過正？畢竟他們都還是十幾歲的孩子。

後來聽說孩子們把四書、部分古文、佛經都已背得滾瓜爛熟，又看到他們寫回家的書信及平時的日記、作文，發現三個孩子的成長令人驚異，不僅字跡端秀、文筆流暢、言之有物，更可貴的是心性的轉變，文中充滿誠摯的省思、對別人優點的讚揚、對自己的期許，以及見賢思齊的樂觀進取。

偶爾和他們通電話，聽到開朗自信的語調和侃侃而談的愉悅表達，簡直令我無法和從前那些蠻橫刁鑽的印象相連。

前陣子我們終於得空去偏遠的學校探訪，老大剛考完高中學測，成績優異可上台北最好的學校，但她還是決定留在原校升學。我們抵達時正逢下午的勞動課，孩子們戴著斗笠在修築即將成立的高中部的操場跑道。看到我們，三個孩子興奮地跑過來，老大不再削瘦，老二不再臃腫，老三也竄得比姊姊還高，看起來都結實健康，精神飽滿。最稀奇的是自始至終面帶笑容，充滿喜樂，和我們應對，落落大方，成熟得體，與一般十幾歲的孩子明顯不同。

我第一次感受到教育的力量如此巨大，原本看似不受教的孩子在短短兩、三年內脫胎換骨。我們長久以來強調讀書要理解，不鼓勵死背，對書法、作文輕忽，對生活技能、體力勞動更不重視，對品德操守的要求也常流於紙上談兵；而這所學校的教養方式卻從傳統的「讀經」開始，當論語、孟子、詩經…可以倒背如流時，似乎腦子裡某種機制也被啟動，學習其他科目如自然、數學，也都觸類旁通，輕鬆上手。也有可能並沒什麼神秘機制，只是「專注」的能力被培養起來，透過單純的環境、團體的鼓勵、老師的身教，各方面的學習都有顯著效果。而品德教育更是徹底融入生活中：正直、寬厚、儉樸、惜福、感恩……，都是每天身體力行的功課；他們最喜歡的遊戲就是在電腦網頁上寫出班上同學的優點，一起分享。在這種充滿善意和鼓勵的環境中，難怪每個人看起來都樂觀自信，高高興興。

將來這批孩子走入社會後，能不能發揮中流砥柱的效應，或是終究被同化而隨波逐流，還不得而知，但至少在現階段，小姑家的三個孩子，見證了教養的強大影響力，也讓我們有機會重新審視評估一些傳統教養方式的價值。

瑤瑤的轉變

（摘自小姑女兒的生活札記）

在師父腦中醞釀很久的園區，終於動工了，因為我們家住的很近，所以我常常會來做義工，看著它從一大片甘蔗田，變成現在有數百學生在裡面快樂學習的園區，師父把不可能變成了可能。剛開始，弟弟妹妹進去就讀，我因為超齡而不能來，不過那時我根本不想來，我想我讀的學校那麼好，又天天能做我喜歡的事，沒事把自己關在一個住校的學校，何苦啊？

一直到看到弟妹的改變，我的想法才有了一百八十度的轉變。第一學期時他們寄回家的信，從想回家，到和我們分享他們的學習，很明顯看到他們的進步；寒假回家，他們都一大早就起床，把被子折好，他們比以前聽話很多，也更積極的去行善。而我卻是睡覺睡到自然醒，然後去跟同學聊些有的沒的；父母要我幫忙，我就說我要去讀書了，不管他們。我對比自己和弟妹，發現他們一直在進步，而我卻被功課、名次、物質完全埋沒，完全活在自己的世界中，無視於別人的存在。

和同學走在路上，常常聽到「好煩喔！」「好無聊喔！」我們雖然衣食無缺，白天上課有冷氣吹，卻個個都病懨懨的〈大熱天上課，穿外套發抖〉，找不到人生的目標，不知道自己是為了什麼而讀書的，讀了一大堆也不知道這對我們以後有什麼幫助，整天讀書考試，考試讀書，我開始思考我的生命，突然有一股力量，要我到園區讀書，我告訴爸爸，爸爸立刻幫我打聽，並降讀一年而插班成功，我好高興，很努力的做好我能做的事，也希望我那些迷失方向的同學能夠一起來園區。

我覺得這是個決心，是我人生轉折的開始，從此以後，我開始每天很努力、很有目標的學習，寒暑假回來，以前認識我的親朋好友，都說我變了一個人，簡直是一百八十度大轉變，不過這只是外像上，我覺得我真正學到的心靈的東西，遠超過這些。我過真正的「生活」，體會真實的學習之樂。

農耕

剛開始，我們撿了整整一個月的石頭，因為我們這片農地是還未開墾的。我們都不是農夫，但我們卻紮紮實實的當了拓荒者，這是一件累人而單調的事情，我們卻都讓它在有趣的歌聲、遊戲聲、比賽聲中渡過，一直到收成時，一顆顆甜甜的番茄、綠綠的青椒、球球的高麗菜，出現在眼前時，我才體會到：只要當時多撿一些石頭，植物根系發展的障礙愈少，它就會長的愈好，原來，在辛苦付出的過程中，雖然很累，但還是要打起精神來，再加一把勁，收成時就會有更美好的滋味，從此我便常常如此策發自己！

好不容易石頭撿得多了，草又茂盛起來了，有一個星期日，一大早讀完經後，我們就全戶總動員一起去割草，我第一次學會割大片的草，是要順著它的紋理，將同一方向的草抓在一起，從泥土表層的根用鐮刀一刀劃過。很快的一個小時過了，我們全都汗流浹背，全身溼淋淋的，走回戶裡後只是洗洗臉，擦擦汗，換件衣服，便開始下一個活動：讀書和寫字，那時才九點多，我很訝異自己可以這樣生活，要是以前星期天在家，我大概還沒起床，而在園區的星期天，還不到中午，我就做了那麼多有意義的事！

傍晚時分我們開始要做畦、拌肥料，準備種菜。第一次拿鋤頭，實在很重，要將土翻鬆，把肥料和進去，我舉起鋤頭，鋤下去，再舉起來往後鋤一步，沒到一公尺已經汗流滿面，兩手無力，但體力就是這樣訓練出來的，過一段時間後，我已經可以獨自搞定一整畦了，我還跟季諭老師炫燿，我多了一塊肌肉呢！

菜苗種下去了，就必須很認真的澆水、除草、抓蟲，我們早上五點多就爬起來去農耕，每天都在聽到雞啼後，看到了日出，下午我們會看著夕陽西下。以前我很少看天空，但在來了園區後，「天會不會下雨？何時亮？何時暗？」都慢慢有了經驗，感覺和大自然親近了很多。

值餐

每天吃飯時，因為活動量很大，又沒吃零食，總覺得飯非常可口，每天都吃得很多。在一個容納幾百人的餐廳，每餐都必須有人飯前打菜，飯後洗碗、洗鍋子、打掃，中午是用學校的班級來輪，早晚是用一戶一戶輪，偶而三餐都剛好輪到我時，就會很累，這才發現原來自己每天吃的飯菜，都不是容易的，除了輪到打菜的老師同學很辛苦外，在廚房煮飯的阿公阿媽更苦，烈日下辛勤耕作的農夫更辛苦，內心不由得生起了感恩，對「得之於人者太多，出之於己者太少」更有感覺！

以前在家我很懶，都不做家事，我覺得掃地、洗碗，那麼容易根本不用學，到了園區，我才發現我錯了。第一次打青菜，覺得這不是什麼困難的工作，結果夾子一夾，怎麼就是夾一點點，或是東掉一根西掉一根，怎麼別人都打完了，我還沒打完，洗公碗時腰酸背痛，怎麼就是不順手，洗鍋子時，發現原來做事情是有方法的，我發現我的生命一直少了一樣東西「熟練」，因為這樣，我總是一個思想還可以，行動卻是侏儒的人，若沒有和這麼多人一起做事，我不會知道要把別人納入心中，我不會發現我的動作很沒效率，我不會曉得體力和心力，是可以用「勤」來鍛鍊的！

讀書

第一次放假回家時，有些阿姨叔叔很擔心我們在園區，學科會落後外面，我非但不這樣認為，甚至覺得自己在學科方面也進步了很多，多讀一年都不是白費！

園區老師的教學理念都很一致，都希望我們真正學會，而不是當名師，教出升學率很高的學生，自己很受敬重。

因此，老師們很重視我們學習的態度，總是灌輸我們正確的理念，要我們紮紮實實的學。例如：數學老師給我們一本空白筆記本，要我們抄數學課本的題目，再算一遍，這樣可以對要學會的東西很有概念，而且非常熟練，畢竟自己手寫過一遍。

在理化方面，老師在上課時會要我們把基本定義弄得很清楚，常會一直問我們，直到我們不只將它背起來，而且懂得其中的意思，老師也會自己出一些題目給我們做，有段時間為了讓我們產生興趣，甚至還發明一種方式，像闖關一般，做完幾題，全對的話，才能跟老師領取下面的題目。

地理更變成我最喜歡的一科！中國地理我以前已經學過一次，但第一次段考，我居然差一點不及格，因為考卷竟然是白白淨淨的，除了兩題申論題之外，只有八題名詞解釋，要是沒徹底了解或把課本背起來，根本無法下筆，現在看來，我想老師善巧的用考試讓我們必須對「點」狀的名詞了解，才有可能進階到線與面。

有一次，老師丟了一個題目給我們：「分析中國疆域與位置的相關性」，我一點頭緒都沒有，後來老師告訴我們：「位置（緯度）會影響氣候（冷熱），氣候又會造成不同生活條件（農、牧……）與方式，而不同的生活方式會促成不同性格，不同的性格（草原民族的善戰）會使得疆域變遷」，原來，每個概念是會相互影響的，老師教我們的，不只是記下表面的知識，更重要的是要去思考它們間的因果關係。又有一次，老師教我們，「學」要從「問」開始，可以常問自己三個Wh—what、why、how，如果都能夠想通，表示這裡都懂了，如果不清楚，上課時要勇敢舉手發問，如此可以幫助我們對每個現象都融會貫通，每條「線」都很順，不打結。我很佩服老師清楚的思考邏輯與智慧，第三次月考，進步到九十六分，老師教我們：「平常就要想得深廣，考試時才不會猶豫，不要老是用直覺判斷！」，學會了這些，我再回去做以前的題目，因為通了，所以答案都很肯定。

地理課考試常常出範圍很大的申論題，這是要把整課所學到的東西，有架構地寫下來，這是訓練整合能力的好方法，自己能夠很清楚的知道一整個「面」的概念。

德育

在我愈來愈能掌握知識後，有一次，老師要我想想：「這些內容和德育有沒有關係？」老師教我寫一篇用「業果」去抉擇出什麼是工業發展應重視的條件，讓我覺察到，人的慾望，物質的享樂滿足，不一定能得到真正的快樂，必須從「教育」下手，認識更長遠的眼光，想到更多的人。老師說：「每種學科，都和德育有關，首先要學會觀察，接著要學會正確客觀的描述人事物，然後要學會去解釋、評估、預測人事物現象的發展，要把學到的東西結合生活。」

有一次，老師帶著我去拆廢課桌椅，將它變成有用的東西，老師給我一支拔釘器和一支鐵鎚，讓我自己想辦法，我雙手如何配合都很不順，根本不知道怎麼使力，老師就提示我簡單的槓桿原理，支點、施力臂、抗力臂。我明明從前讀過，這讓我深刻的體會到，理論懂了，並不代表能夠活用，在生活中，要多把學到的東西拿出來嘗試。

同學

剛來園區，雖然每個同學呈現出來的，不像我想像中那般天堂的美好（畢竟我自己也不是），但我覺得每個人真正的內心都很善良。記得新生訓練時，我就分享我的感覺，好像回到家一般，難以言喻的感覺，也許就是這股磁場，讓原本不知生命意義為何的我，自然而然地找到答案，那就是「幫助別人」。

我們每個月都有一個活動：許願：每個人在小紙片上寫下接下來一個月對自己的期許，放進神秘的許願桶，一個月過後，再將它一張一張抽出來念，猜是誰許的願，猜到後大家來分享看到他的進步。我記得師父圓寂的那個月，我許的願：「做任何事時，想想師父會不會快樂」，也許就是因為有這活動，讓我開始習慣有目標、有動力的生活，於是我很努力地去追尋這個目標「幫助別人」，只要有人功課不會來問我，我一定毫不吝嗇的告訴他，只要有人需要我的幫忙，我一定盡全力幫忙他。

慢半拍

沒想到這樣做下去，卻是心有餘而力不足，我發現自己沒有能力，動作太慢，時間常常不夠，同學甚至都說我「慢半拍」。團體生活，功課沒寫完，照樣得跟著去洗碗，去農耕、澆水，我必須調整自己的速度，提高效率，於是我試著去問老師，也向動作快的同學學習，像千鈺放學回來，會趁著大家在聊天講話，等著去農耕的空檔，把洗澡要換的衣服先準備好；前一天晚上收拾書包時，就會把隔天早上要用的東西準備好……，很多小細節上，都可以節省時間，要不是長時期和跟我性格不同的人生活在一起，我想自己一輩子都覺察不到，就算覺察到了，也不知從何改起，對於自己不會善用時間的缺點，我真的很感謝這群同學的指導。

讀書與助人何者重要？

老師問我：「幫助別人和培養自己的能力，哪個重要？」我老實的回答自己的體會，「我想幫助別人，但因為各方面不足，必須先培養自己的能力」，老師問我：「自己的能力，有到達很圓滿無缺的時候嗎？也許這一生都沒有可能，也許到你成佛才有可能，你要等到成佛才去幫助別人嗎？」於是我知道，不可以只注意提升自己的能力，必須同時練習幫助別人的那顆心，兩者是相輔相成的。

環境

在外人看來，園區風景好，空氣好，餐餐有機餐，大家很善良，大概如此而已，雖然這樣已經非常好了，但我身在其中，更是體會了它的好。在園區的環境，有兩大特色：一是規律；二是寧靜。

因為是團體生活，大家要一起起床，一起打掃寢室，一起吃飯、背書、上學、農耕、跑步、值餐、洗澡洗衣服、讀書、睡覺，什麼都要和大家一起，我自己剛開始真的很不習慣，沒有自己的時間，但漸漸也看到好處。

從前我真的很不愛吃東西，來園區後才一個學期，就胖了五公斤；妹妹從小被叫小胖妹，來園區後，身材也變得標準，我們以前一個太瘦一個太胖，來園區後，瘦的變胖，胖的變瘦，親朋好友都覺得很神奇，其實不只我們姊妹，每個來園區的小孩都這樣，身體都變好了，為什麼呢？我們每天不吃零食，只吃三餐，而且運動量其大無比，對於豐盛的三餐，怎麼可能不珍惜呢？（也因此，知道要惜福，例如早上的稀飯吃完，會用一小塊饅頭把碗沾乾淨，一方面珍惜食物，一方面洗碗好洗，省水），除此之外，煮飯的廚房老師們總是非常用心的安排菜單，每天都吃得不一樣，在廚房工作非常辛苦，那個幾百人份的鍋子非常大，鏟子也非常重，挑幾百人吃的菜非常累，就是這樣用「心」當調味料，使得我從來不吃膩，很愛吃，身體愈來愈強壯！

零碎時間

在園區，九點半就必須上床，早上五點五十分前要起床，這是我最不習慣的一件事。從小我就有拖拖拉拉的習慣，常常熬夜，結果早上總是起不來，上課常常打瞌睡。現在，到了九點半，不管功課做完沒有，都必須回床躺平，不准熬夜，只能早起。

每天晚上有晚自習，起初不到一小時，後來隨著國二的課業增多，開始去學校晚自習二小時，其他在家裡的時間，都得和大家一起去做事；自己可以用的時間，就只有洗完澡，吃完飯的空檔，我開始加快洗澡洗衣的動作，一找到時間，就趕快抄英文，在去農耕的路上，我也會是先抄好國文的注解，一邊走一邊背。我發現這樣訓練下來，我的腦袋隨時都在動，都在想我可以做什麼，不要浪費光陰，如果放學走回家來，不能寫不能背，我也會想老師今天教什麼？或想晚上我要讀什麼書，無時無刻，腦子裡總會記得學習這件事。

心無旁鶩

在園區，沒有電視，不能聽流行歌，也不可以打電話，這些規定，聽起來很嚴苛，其實習慣就好，這除了讓我們的腦袋瓜不受到污染外，我的專心程度也提升了，晚上七點大家一起晚自習，整個閱覽室鴉雀無聲，每個人都很努力地讀書、寫字，以前在家我常常讀書讀到一半就去打電腦、做美勞、彈琴……，但在園區，整個晚上真的做到「心無旁騖」的境界，幾個小時下來，真的可以讀很多東西，這就是寧靜的好處！

每天這樣看似一成不變的生活，卻讓我愈來愈能看到自己還不足的地方，並且改過來。考試不重視分數而重視自己到底懂了多少，把考試當成一個階段的測驗。生活的規律，讓我可以每天反省策勵自己，一次比一次進步，生活的寧靜，則讓我對於計劃，愈來愈有實踐力，一次又一次，挑戰自己，達成目標！

家居生活

小城的尋常日子

新竹的市區比台北小得多，所以連我這種路痴都敢開著車在大街小巷穿梭，即使迷路也不心慌，幾分鐘內一定可以回到熟悉的地方；不像在台北，路況「博大精深」，一不小心就踏上不歸路，不知開到那裡去了。

我們住的東區在早年是很荒涼的地段，於是也造就了我們不同於都會型態的居家風貌。記得克容讀小學時坐娃娃車去上學的途中，透過車窗，每天都可以看到簡陋動物園裡的長頸鹿。

直到現在，家裡陽台上還經常有不知名的鳥類、松鼠造訪。至於開闊的清大、交大校園，還有古木參天、綠草如茵的工研院宿舍區「光明新

可凡自製手工書

村」，都在徒步範圍內，是我們散步、野餐的好場所。

住家「村子」裡的空間其實就能滿足幼兒的活動需求，兩個孩子從後院的沙坑、樹屋、遊樂器材玩起，到開始懂得交朋友，去鄰居小朋友家串門子、做遊戲；稍長，學會騎腳踏車，在院子裡奔馳，然後相約去地下室打桌球；到了青少年期開始去籃球場、網球場拚高下，他們的休閒生活不太需要依賴電視。

所以在我們家，「規定看多久的電視」一直不是個需要討論的問題。小時候固然愛卡通，但也不致沈迷，到了青少年期，兄妹倆有志一同地只愛看球賽轉播，對於時下流行的韓劇、日劇、偶像劇或綜藝節目，似乎有點隔閡。可凡出書後接受採訪，常會被問到有沒有愛慕的「偶像明星」？她總答不出來，令主持人或記者很驚訝，後來乾脆說喜歡網球選手Andy Roddick，免得人家覺得她奇怪。

平日我和凱風在晚餐前通常會去清大的「梅谷」，繞著湖泊的小山丘走一圈，讓身體微微出汗，舒展一天的緊繃筋骨。除了鄰近巷道裡的一隻聰明狗固定跟著，孩子們沒有自己的活動時也會相隨。走在熟悉的路徑上，有時高談闊論，有時靜默不語，都覺得彼此心靈相通。

晚餐更是我們重要的溝通時段，沒有電視的干擾，一家子在餐桌上一邊享受家常菜，一邊述說一天在外的遭遇。後來和朋友閒聊，才發現不少人家都是邊看電視邊吃飯，或是按各自的方便分批吃。這對我們而言真是太暴殄家人相處的寶貴時光了。

孩子們小的時候，晚飯後仍是親子時間，由我陪著看故事書、彈鋼琴、做美勞、練習語文；而凱風多半是重回實驗室，繼續沈浸在他的研究裡。等孩子們大一點以後，生活習慣已經養成，不需督促，各做各的事，我總算可以悠哉地躺在沙發上看雜書，偶爾朗誦一段精彩的文句給他們

幼時的克容與可凡，在住家附近的湖邊留影

聽。

可凡做功課的時間並不長，倒是花很多時間在看課外書，要不然就是在畫圖或寫日記，後來更發展出做手工書的興趣，自己寫文章、畫插圖、編輯、裝訂成冊，樂在其中。克容大概因為學校功課較多，晚上的活動相對平淡，除了溫書寫功課練球，剩餘時間頂多翻翻籃球雜誌，或上網找找資料。

週末回台北探望外公外婆之餘，我們也愛逛逛街、上館子、看電影。至於愛買衣服的習性可能要追溯到外婆，她除了把自己打扮得光鮮亮麗，也愛打扮我。等我長大了，也是同樣模式。男孩服飾變化有限，幫克容買衣服沒那麼好玩；但可凡小的時候就像我的芭比娃娃，幫她換穿各式漂亮衣裳真是一大樂趣。可惜後來他們漸有主見，不再任我擺布，不過眼光品味已有一定水準，對色彩、樣式的搭配也頗有心得，我對他們的「自主」

克容與可凡兄妹情深

常是讚美多過批評。

中國傳統觀念裡，對外在美的追求多是貶抑的，認為那是虛華不實；學校的制服、髮式規定更是僵硬制式，長久下來，許多人審美能力未能建立、衣著服飾不合宜、居家布置談不上，甚至整體社會都充斥著粗糙、醜陋、邋遢、馬虎。反觀西方傳統，外在衣著儀態向來是社交禮儀重要一環，也是自我風格的表徵，如何讓自己賞心悅目，早已融入生活美學當中。

除了欣賞時尚，逛書店也是上街的必要活動。誠品和Page One是我們最愛瀏覽的寶庫，買書也是我們鼓勵的消費。圖書館裡的書固然可以借，但可凡從小就喜愛擁有屬於自己的書籍，生日節慶或獎勵，最令她高興的禮物就是書。買書不光是為了閱讀，也成為收藏；像珍・奧斯汀的著作，原文或翻譯、精裝或平裝，各式各樣的版本她就收集了不少。

我們全家另一個共同愛好就是看電影。這似乎也可以追溯到外公外婆，記得小時候幾乎每個週末都被母親帶著看電影，父親若是有空也會同行。所有經典巨作無一錯過，一些音樂喜劇輕鬆小品也不放過，那個時代當紅的貓王、洛赫遜、桃樂思黛、仙度拉蒂……他們的一顰一笑都是我所熟習的，而電影中的情節故事、場景道具服裝也都常在我的小腦袋裡反覆播放，成為幻想時的豐富素材。

湊巧凱風也是從小愛看電影，所以我們除了租DVD回家看，全家還不時光顧電影院，好整以暇地享受一番。看電影除了娛樂，還可以豐富生活經驗、提高美學品味、增加推理能力、洞悉人性心理……。我覺得好電影還是需要在戲院看，因為在家容易分心，沒辦法沈澱情緒，全然融入劇情，當然也不容易有深刻的感動。孩子們大了以後，有時喜歡和同學結伴而行，我們「二老」就自己去看，回家後還是可以和孩子們討論觀點，發表心得，仍然其樂融融。

我們的居家生活應屬平淡無奇，但在無形中還是完成了價值觀的傳承和均衡生活習慣的培養，讓孩子們能在安定溫馨的氛圍中成長。一直到現在，「家」都是他們的精神城堡，也是最愛待的窩。只要回到家裡，也無風雨也無晴，只有恬適和自然。（文後為克容國中時期作文）

母親與我

克容國中時期作文

我向來就跟母親最親，小時候講話口齒不清，家人都聽不懂，只有母親知道我的意思，因為她最瞭解我。我發生了什麼事也一定跟母親講，因為她給了我最大的安全感。記得在小學的時候，許多同學都很怕他們的媽媽，覺得媽媽的形象就是很兇狠囉唆，但是我卻剛好相反，我覺得母親是我最好的朋友和玩伴。

母親充滿赤子之心，總是帶領著我跟妹妹做一些新鮮好玩的事，除了念故事書和做遊戲，還帶著我們在廚房烤餅乾，繪彩蛋，在湖邊野餐，去騎馬，去溜冰，幫我們辦生日派對，陪著我們養小動物……點點滴滴為我的童年增添了豐富的色彩。

母親熱情洋溢，與父親沈默寡言的個性截然不同。遇到困難時，我會去詢問母親的意見，她總是不厭其煩的為我分析狀況，提供寶貴的經驗，並且替我加油打氣，通常都令我豁然開朗。當我有快樂得意的事，我第一個想要分享的人也是母親。

除了關心我的課業，平日的行為舉止母親也十分注重，從小在社區裡碰到鄰居不管熟識與否，都要問好，對待朋友同學要忠誠厚道，對待長輩更要尊敬有禮，她從小就灌輸我一個觀念，做人不一定要飛黃騰達，但一定要做一個有良知的好人。所謂言教不如身教，母親熱心公益，具有強烈的自省能力，她的言行就是我們最好的楷模。我何其有幸，能擁有一位如良師益友般的母親。

爸媽與我

家事迷思

勞務外包，時間留給家人

在職場上待久了，「小姐」漸漸變成「大姊」，常常被婦女同胞問道：「如何兼顧事業與家庭？」雖說男女平權已高喊多年，但據我查訪觀察，一般狀況下，婦女還是擔負了大部分的家務。於是一個全職的職業婦女，下班後趕回家投入另一個戰場，長期下來，身心俱疲，常有「蠟燭兩頭燒」之嘆。

我從懷孕後，家裡就雇用了幫忙打掃做飯的鐘點傭人。因為克容得來不易，凱風原本謹慎的個性更是發揚光大，唯恐外食不夠乾淨，又恐我過於勞累，初時由不諳廚藝的他親自下海，調製了一大鍋咖哩雞，連吃了一個禮拜，害我到現在都對咖哩無法再產生好感。

後來四處打聽，終於聘雇到一位手藝不錯的廚娘，克容日後以「巨嬰」架勢誕生，也是其來有自。

懷孕末期，我們更是積極物色保姆人選；一般保姆都喜歡在自家帶孩子兼顧自己的家務，有時還照顧不只一個小孩，但我們希望能找到願意來家裡照顧孩子、順便做一頓晚飯的保姆。尋尋覓覓，終於找到合適人選。這位阿姨和我同年，家住附近，做事乾淨俐落，很有經驗，人品也端正，但態度有點傲慢，偶會以專家姿態「教訓」我們；但只要對孩子好，下班回家後有飯吃，我們都是敬謹受教，甘之如飴。

不少同事朋友聽說我一直雇請幫傭，通常第一個反應就是「真好命！」我總是回答：「這是選擇，無關命

每次經過清大梅谷，小可凡必問：「這是小鹿斑比的家嗎？」

運」。

現代社會的勞務本來就需要分工與外包，但不少人的觀念卻認為家務外包是一種浪費，寧可自己操勞，省下這筆花費。可是我和凱風卻早有共識，家務是沒完沒了的循環，吃飯、洗衣、打掃……，是年復一年的工作，若非有極大興趣和耐性，投注相當時間與精力，家居生活最後多是流於將就過活。

於是很多家庭經常以便當、小吃打發，家裡雜亂不堪卻總也無暇收拾，難得一個週末卻仍不得輕鬆，因那生生不息的家務已在排隊等候。最糟糕的是陪伴孩子的時間相對被剝奪。雙薪家庭父母和孩子的相處時間本來就少，如果在有限的晚間和週末，還要處理永遠做不完的家事，孩子得到的關照恐怕更是少得可憐。

也有不少人的觀念認為做家事是婦女的天職，是衡量賢慧與否的標

母女

準，所以許多人儘管厭煩與這些瑣事纏鬥，卻總也不敢理直氣壯地找幫傭，唯恐落人口實，背上「好吃懶做」的惡名。

或許有人體力、效率超強，左右逢源、游刃有餘。但我自知能力有限，下班後若要做頓像樣的晚餐（三菜一湯？）、清理善後，再加上其他雜務，應是無法悠閒地陪孩子講故事、看書、彈琴、散步、耐心認真地回答他們源源不斷的問題，還有時間大量閱讀自己喜愛的書籍。

至於經濟上的考量，我覺得也是一種取捨選擇，我們或許少存了一些錢，少買了一點股票，延後了買房子的時機，但卻從不後悔遺憾，反而覺得每天回到整潔有序的家，有熱騰騰的家常飯菜可吃，有空閒的時間和孩子們相處，才是最大的幸福。

所以別人問我如何兼顧家庭與工作，我總是建議「能外包的勞務就外包」；但有些人卻把養兒育女的責任外包，或交由老家父母，或寄養保姆家，每隔一段時日才探望一次，我是不贊成這種外包模式的。養兒育女需要智慧和創意，是有建設性的重要工作，而且是有期限的。買菜、做飯、洗碗、拖地、曬衣服或許也有樂趣，也有生活美學的意涵，但可以留到不同的人生階段慢慢去享受。

忠誠可靠的管家人選當然要靠幾分運氣，但仍有脈絡可循。我們按每個時期不同的需求，徵選不同的幫傭。我們用的第一個廚娘，重點在變換可口營養的晚餐，其他工作馬虎一點也無所謂。至於保姆，重點就是照顧孩子，打掃和做飯都是附帶的，絕不苛求。多年後她因家中變故，性情大變，我特地請了長假在家照顧可凡，等申請的外勞報到，才得以重返職場。

家裡用過的外勞來自不同的國家，每個都善良敦厚、勤快自愛。後來孩子長大，我們改請本地鐘點工，也都相處愉快。雖然每位各有優缺點，

同遊東海岸

我有時仍難免不滿意，但轉念一想，不論她是勤快或懶散、主動或被動，畢竟分擔了不少家務，節省了我們很多時間。而時間，是最寶貴的。這麼一想，許多事都變成可以包容的雞毛蒜皮小事了。

一個人生命的核心價值往往不經意地顯露在生活態度上，生命中充滿了各式各樣的選擇，我們要過怎樣的生活，其實是一種選擇。

一家人的悠閒生活

見多識廣 vs. 目眩神迷

旅行、遊學、上餐廳

我有一位女性朋友，長得白淨甜美，個性尤其溫柔和善，早年在台北市區的翻譯社工作時，被一位老太太客戶相中，熱心地替自己兒子牽線，想要迎她入門當媳婦。

兒子一表人才，又是一家外商公司的高階主管，倒也順服母意，開始邀約她出遊。朋友從小家境清寒，一路艱苦念到著名國立大學畢業，就業後努力工作、存錢，生活單調，除了學校和辦公室，對其他場所都很陌生。於是不論上餐館、看電影、欣賞表演或陪著去網球場，她都侷促不安，自覺格格不入，和對方幾乎無話可說。男方奉母命努力了一陣子，也

可凡在玩具店

就放棄了。

有一次我們閒聊，朋友指著報紙上的一位企業聞人，略帶遺憾地告訴我這段二十幾年前的往事，當然，這位企業家就是當年的男主角，雖已邁入中年，仍然英俊瀟灑，氣質出眾。朋友嘆了口氣，說自己當年其實很喜歡他，可以感受到對方也有好感，無奈歷練不夠，一在他面前就信心盡失，覺得自己沒見過世面，於是完全無法發揮平時隨和討喜的個性，反而顯得木訥彆扭，笨拙古怪。

這應該是個比較極端的例子，時空環境也是多年以前，現在資訊發達，社會普遍富裕，年輕人在物質層面，多少有不同程度的接觸，不致覺得自己老土，但有時反而身陷誘惑，目眩神迷無法自拔，於是卡奴或其他各類物慾奴都大量浮現，造成社會許多光怪陸離的現象。

所以我們教養孩子時，除了內在的文化蘊底要奠定，對於多元社會中的許多臨場經驗也不能從缺。要如何讓他們見多識廣，以後到任何場合都安然自在，但又不要被所看到的五光十色所迷惑，實在是一個需要拿捏的分寸。

我們週末通常都會外出用餐，如何挑選有品質、有口碑或有特色的餐廳要靠平時的留心。在餐廳裡，我會提醒孩子們觀察每家不同的裝潢風格、服務態度、送餐流程、菜餚口感，甚至背景音樂等等，當然也會教導他們中西不同的餐桌禮儀、點菜技巧，以及和服務人員的互動。長期的嘗試比較，他們對餐飲品質自有定見，即便再豐盛的美食當前，也會節制選擇，而參加任何正式餐會，也都泰然自若，不致失禮。

其他的藝文活動，如畫展、文物展、音樂會、劇場、芭蕾舞、現代舞……等等，只要時間配合得上，我們都盡量帶孩子去觀賞，讓他們能在現實生活之外，還有精神上的嚮往和追求。

克容（中）高中和同學去馬來西亞旅遊

出國旅遊也是很好的生活教育機會，所有的規劃安排、研讀當地背景資料等準備功夫，都讓孩子們盡量參與，旅途中輕鬆玩樂之餘，也提醒他們做一些簡單的筆記，強化觀察、類比、自省、吸收和改變的能力，回家後再鼓勵他們寫一篇遊記，不但完成了一個圓滿的旅遊，也豐富了自我成長的歷程。

除了全家出遊，我也放孩子單飛。克容小學畢業的暑假，參加了青少年的遊學團，在加拿大的校園裡，生活了近一個月，和來自不同國家的孩子，藉著有限的英語溝通，竟也相處得默契十足。那個暑假，他嘗試了許多新鮮事，開了不少眼界，但他回國後最懷念的居然是加國乾淨的環境和清新的空氣。克容因為鼻子過敏，經常處於鼻塞狀態，他說在加拿大那個月，是他這輩子呼吸得最通暢舒服的一段日子！所以自然景觀、環境保護、國民公德水準等議題的重要性，都成了鮮活的親身驗證。

國二的暑假克容又去英國牛津住了近一個月，這次是住在當地人家裡，讓他體驗道地英國人的居家生活。接待家庭的爸爸來機場接他時開著拉風的跑車，第二天就帶他去打高爾夫。此外，家裡的庭院整理得很漂亮體面，還養有一隻龐大的古代牧羊犬，這些「規格」讓克容以為這個月可以好好享受一下「富裕」的生活，卻沒想到往後每一餐都吃得極其簡單節省，超乎想像。可見他們對消費支出的分配比重，和我們的習慣不太一樣。

接待爸爸只開車帶克容去過一次學校，就讓他自己嘗試坐巴士去上學，經常迷路讓克容靠著一雙腿踏遍大街小巷，他回家後向我們吹噓，說往後可以擔任旅遊牛津的嚮導。結束英國的課程後，他又隨團旅遊了法國、瑞士和義大利，讓他對歐洲文明有了一個粗

攝於加拿大

略的認識，也讓他年輕的生命開啟了新的視窗。

可凡也是自小學起就參加國內、外的夏令營，一方面擴大視野，一方面培養融入團體生活的能耐。或許是個性使然，她很少眉飛色舞地講述新奇的經驗，只能在她的筆記本裡一探端倪。下面是她小學四年級的暑假，在舊金山待了五個禮拜的片段紀錄：

> 難忘的無頂蒸汽火車，在神木區裡穿梭，小蟲子從樹上掉下來；在金門大橋下的草地上野餐，看著輪船慢慢開往大海，海鷗在岩石旁憩息；在Albertson超級市場記錄物品的價錢……下午跟美國孩子一起瘋，一起鬧，跳瘋狂的舞，玩刺激的遊戲，在十呎深的深水區潛水，做有趣的小人，在滑滑的塑膠紙上玩水，裝飾自己做的盒子，嘗試在大球上走路，用竹竿轉動塑膠盤，學小丑耍棍棒；在草地上鋪睡袋，仰望天上的星星、月亮，享

受夜晚涼爽清新的空氣……。

他們的經歷，有時連我都很羨慕呢。就像我另一篇文中所提，人生其實是一項又一項的選擇，我們將來或許沒辦法遺留給孩子們什麼家產，但我們曾竭盡所能地提供豐饒的生活經驗，讓他們有機會探索寬廣的世界，嘗試美好的饗宴，一場帶得走的饗宴。（後文為克容國二時期和可凡小五時期的作文）

可凡攝於維也納

法國繪畫三百年

可凡小學五年級作文

上個週末回台北，爸媽特地帶我們去故宮博物院參觀了「法國繪畫三百年」展覽。

這次的展覽，時段從十七世紀到二十世紀初，橫跨三百年，大致上分為七個時代，分別為：大世紀、享受愉悅生活、效法古風英雄、浪漫、寫實、印象及自然和理想。

大部分的畫都十分細膩逼真，不論是衣服的蕾絲花邊，各種布料的質感，甚至是幾滴眼淚，它們都凸顯了整幅畫的美感與真實性，另外，人物特寫更是栩栩如生，眼裡流露出的神情和皮膚的明暗，以及頭髮的光澤，

小學時期的可凡

都在在令人讚嘆。

以「苦修的瑪德蓮」來說，她的眼神透露出她的悲傷，當然，眼淚說明了她內心的感受。我們摸不著她的頭髮，但仍然能感覺到它是很柔順的，而她的手部，那微微突起的筋脈，更是充滿了生命力。

「母與子的肖像」裡的母親，她的頭髮中分，如波浪般的優雅捲曲下垂，她的髮質毛躁，搭配上光滑的珍珠髮飾、耳環、項鍊，彼此襯托，讓畫面有相對的美。

此外，我也非常喜愛「牧羊人至亞密塔斯墓」，畫中人的皮膚都很光滑，頭髮十分柔細，小草、青苔以及衣服的縐褶逼真得令人嘆為觀止。潺潺的溪水流進草叢，因而出現了一些微小的白浪花，整體看起來細膩精緻，特別是那從樹葉的空隙間照射出來的陽光，它照亮了牧羊人的背部和手肘的一小角，照亮了牧羊女的正面，使整幅圖有了光與陰的對比。

「在亞賀可橋上的拿破崙」這幅畫表現出了拿破崙身在戰場上的英姿；爸爸說拿破崙拿著旗子，威風凜凜的樣子很英俊、帥氣，我也這麼覺得，彷彿他身後有千軍萬馬，英雄的風采和氣勢躍然於畫中。他身上繫的布質腰帶很柔軟，而皮帶卻很剛硬，就如同「母與子的肖像」裡毛躁的頭髮與光滑的珍珠，兩者並存，就是相對美。

「慾望偏執狂（瘋女）」裡的老太太眼裡充滿了憂鬱、悲傷以及憤怒，這是一幅表現出醜陋罪惡的作品，讓人看了也不免陰鬱起來。

相反的，「鄉村之舞」裡的年輕女郎滿面喜悅，可以感覺到她滿足的愉快心情，顏色是粉粉的、明亮的，而且人物融入於平淡均勻的光線中。

「莎樂美」中的女主角全身罩著薄紗，薄紗上的花紋很複雜，加上女主角身軀上的刺青圖案，和她披在薄紗下的披肩，披肩上也有著花俏繁複的花樣，感覺上，這幅圖因複雜而顯得有些眼花撩亂，但它是十分精緻的，而且女主角本身非常明亮，背景較黯淡，所以主體顯得特別清晰。

梵谷的「銅花瓶上的皇冠貝母」我也喜歡，色彩明亮、鮮豔，藍色背景上輟滿許多金紅色系列的小點，畫面因而更富活力及美感，植物部份感覺有點黏稠，但是顏色濃郁，令人印象深刻。

我最偏愛的作品還是「破水罐」，圖中的女孩衣衫狼狽，把裙子撩起來盛滿了花朵，胸口也隨意插了剛摘的花，手肘上掛著一個破了的水壺；可以看出，她原是要去盛水，卻因為貪玩去採花，不但弄得衣衫不整，連水罐也打破了，這幅圖表達了小女孩的純真和年輕好玩的自然天性，讓人看了會心一笑。

這次展覽，我體會到每個時期的繪畫風格是隨著時代背景、整體大環境因素而轉變，畫面表現出的不只是景色人物，也透露出許多情感和畫家想表達的意境。當我們靜靜凝視，似乎隨著顏料傳出喜怒哀樂的聲音和氣氛，繪畫藝術，不管是寫實的還是抽象的，都帶給了人們好多想像的空間！

北京一遊

克容國二時期作文

這個寒假，我們家計畫到北京旅遊五天四夜。根據網路上的資訊，那裡冬季平均溫度是零下五至十度左右！光是聽到這個消息，我就全身發抖，想想看，在我們台灣，十二、三度就要凍僵了，零下幾度還得了！但我當然也很興奮，因為可以賞賞雪，我這輩子還沒看過雪呢！同時我們更要去好好的探訪古蹟，驗證中國數千年的歷史！

經過四個多小時的飛行，終於到了北京，我們一家早就在飛機上換好裝備，在入關的地方，看到一個大螢幕上寫著簡體字：邊防檢查、兩岸和平統一、一國兩制⋯，雖然同樣都是中國人，但整體的感覺就和台灣不大一樣，這種現象真讓人感到無奈。出了機場以後，馬上有一位穿著綠色夾克、理了平頭，身材胖胖的男人來接我們去搭車，一開口就是道地的京片子，他就是我們未來五天的導遊。

上了巴士，導遊就打開了話匣子，用他那捲舌的口音說個不停。首先他和我們談到了北京人的飲食，因為要適應寒冷的天氣，他們都盡量的吃肥肉，而且吃得非常鹹，和我們台灣講求健康，吃得清淡，有很大的差異。北京是標準的大陸型氣候，每個季節的溫差相當驚人，冬天最低溫度是零下二十度，夏天最熱達四十多度，可以差到六十多度，這是我們生活在台灣很難想像的事。這裡的法律也是挺特別的，嚴格得可怕，北京的偷車率是全國最低的，因為偷車一抓到就是槍斃！在我們台灣許多看似平凡的犯罪，在那都是重罪，所以導遊提醒我們，做什麼事都要三思而後行。

從機場去餐廳的路途很遙遠。一路上風景頗具北國風情，白雪襯托著

北京的冰天雪地

一排排井然有序的深灰色枯樹，朦朧的霧，微弱的陽光，我想這就是印象派畫家心目中真正的美景吧。北京市每年只核發五張機車牌照，所以幾乎看不到摩托車，路上只有汽車和自行車，這對維護空氣品質和交通狀況都大有幫助。

晚上在溙家村用餐，溙族是雲南少數民族之一，這家餐廳不論是裝潢或菜餚，都深具少數民族的特色。在我們用餐時，有許多歌舞表演，最後大家還一起下去跳，不論是在味覺或視覺方面，都相當享受。

吃完飯後，我們便搭車去看雜技表演，偌大的表演廳幾乎都客滿了，由此可見表演有多精彩。一開始由幾個小男生表演跳圈圈、疊羅漢，七、八個人合作得完美無瑕，單人跳、雙人跳、翻滾，動作精準俐落，我發現這些小演員年齡和我妹妹差不多，大概都是十一、二歲，好像都是新疆維吾爾族人，個個都練得渾身是肌肉，看起來怪可憐的，接下來的表演也都由十幾歲的少男少女演出，非常精彩刺激，但我是越看越於心不忍，因為都是高難度的特技，也不知他們在練習的過程中會吃多少苦哪！真希望快點結束，可以回旅館休息。

我們的旅館叫做大觀園，是一座復古式的建築，因為房間裡的暖氣開的相當強，所以非常乾燥，導遊就教了我們一個調節溼度的好方法，用大毛巾弄溼鋪在床邊，這樣早上起來喉嚨才不會乾乾的。

第二天一大早，用完早餐後，我們就動身前往當天的第一個目的地——天安門廣場。下車沒多久，就開始飄起了小雪，妹妹和我當時真是興奮極了。我們沿著一望無際的天安門廣場往紫禁城前進，當時皇帝大婚或出兵打仗時，就要走這條路。通過天安門、端門、午門、太和門，一道道的城門，終於到了紫禁城，這裡的建築雖然很雄偉壯觀，但幾乎都是同樣的建築形式，還好那時候飄了白雪，讓整個景色多了許多變化。明朝和清朝的

盧溝橋

皇帝就都生活在這裡，並且在這辦公和聽政，整個皇宮共有九千間房間，其規模之大真是驚人。我們發現，幾乎每個宮殿外都有幾個大水缸，外面本來好像渡了一層金，但都已經被刮得亂七八糟了，導遊向我們解說，原來當時皇帝規定宮內冬天的溫度要維持在二十幾度，因此每個夾牆內都在燒煤，那時的房子都是木材做的，所以容易發生火災，大水缸就是救火用的，一共有三百多個。本來都是渡上純金的，但在八國聯軍時，外國人一路打到北京，就在當時被刮走的。

從紫禁城後門走出，過一條馬路便是景山公園，當年李自成打到北京，明朝的最後一個皇帝明思宗就是在這裡上吊自殺的。景山其實是一座人工山，就是用挖護城河的土堆的，這工程也頗浩大的呢。

接下來我們要前往乾隆最寵愛的大學士和珅的家，也就是後來的恭親王府參觀。和珅是歷史上有名的貪官，他的財產是當時清朝政府歲收的好幾倍，相當可觀，但好在後來被乾隆的兒子嘉慶抄家了，這還有點天理。恭親王府一進去就有一個非常大的房子，導遊說這就是和珅當時用來放錢的「錢櫃」，真是誇張。我相信和珅一定是個超級迷信的人，他家裡處處都是風水上助他發財的擺飾，他也夠大膽的，連皇宮中的東西也敢偷，把宮中一塊雍正皇帝寫給他母親有「福」字的石板，偷出來放在自己庭院中的假山裡。比較有趣的是一個亭子，中間有一條彎彎曲曲的小溝，和珅是個文人，常邀約三朋四友來這裡玩行酒令的遊戲，幾個文人坐在四周，小溝灌水後，讓一個盛滿美酒的酒杯在小溝裡飄，停在誰那，誰就要做一首詩，想不出來就把那杯酒喝了，這遊戲倒還滿有文藝氣息的。

下個目的地是雍和宮，裡面有很多間佛教的廟宇，許多信徒到這上香祭拜，香火鼎盛，其中最值得注意的一座佛像，體積巨大，完全是用一整棵樹雕刻而成，木頭是從新疆運來的，光是運送就花了三年，雕刻又花了三年，建寺再花三年。佛像在地下埋了八米，地面上有十八米，總共二十六米，是中國最大的一座全木佛像，雕的是彌勒佛的真身，所以相當嚴肅，再加上高大的身材，看起來威武壯觀，和一般所見胖胖的、笑咪咪的彌勒迥然不同。

晚上我們要去全聚德吃有名的北京烤鴨，奔波了一天，總算可以享受享受了，雖然沒有想像中的好吃，但畢竟是填飽肚子了。緊接著要去王府井大街逛街，這兒繁榮的景象，絕不輸給台北，有許多大型的百貨公司，但我們一家並沒買什麼東西，反倒是對小吃街比較有興趣，大家嘗了當地有名的羊肉串，不但沒有膻味，又香嫩無比，美味極了。

第三天是去一個令人感傷的地方，七七事變遺址盧溝橋。中國和日本打了八年的仗，軍人和老百姓一共加起來，被日本殺了六千萬人，民國二十六年七月七日，開戰的第一槍就是在這打的，除了民族的傷痛記憶之外，盧溝橋也是北京現存最古老的一座橋，上面有好多座石獅子，每一個表情都不同，有的大獅子還背著兩三隻小獅子，相當生動。我和妹妹一人數一邊，共二百八十四隻，但導遊說不對，應是五〇一隻，因為我們漏了小獅子。

緊接著，我們去了頤和園，是當年乾隆蓋給他母親的，後來的慈禧太后又挪用建軍艦的經費大肆整修，以致中國的海軍不堪一擊，甲午戰爭被日本打敗，造成割讓台灣的悲劇。園內的面積非常龐大，大得令人咋舌；但聽說附近的圓明園更大出數倍，可惜被八國聯軍燒毀了。想想以前皇室的奢侈揮霍，動用多少國力，只為了太后皇帝幾個人遊山玩水，真是令人感嘆！頤和園裡有山有水，風光明媚，都是仿照江南的景色用人力造出來的，光是一個人工湖，就一望無際，在地圖上看來是一個蝙蝠的形狀（代表福氣），湖邊有一條長廊，約七百多公尺，如果在夏天走起來涼爽無比，我們去的時候整個湖都結冰了，又是另一番景況。在每個間隔的樑柱上，都雕有精美的圖案，園內建築眾多，我們匆匆一遊，連走馬看花都談不上。

午餐是吃涮羊肉，這是我期待已久的，我老早就想品嚐北京的羊肉了，聽說這裡的羊都是吃蔥長大的，而且是從內蒙古來的，絕對沒有臊味，更棒的是，羊肉可以去寒，爸爸還買了幾瓶二鍋頭，一邊吃著涮羊肉，一邊喝著烈酒，在這冰天雪地裡，真是一大享受。

吃完美味的羊肉，我們去遊覽清朝雍正十一年建造的大鐘寺，裡面有一口永樂大鐘，裡外布滿了經文二十二萬七千餘字。接下來是去位於北京南部的天壇公園，也就是以前皇帝祭天用的聖殿，總共分為三大殿，其中以祈年殿我最喜歡，它是個圓形建築，有相當獨特的風格和藝術水準。欣賞完雄偉的建築後，我們要去動物園看中國的國寶大熊貓，第一次這麼近看熊貓，果然和在電視上看不一樣，但熊貓看起來髒髒的。

第四天一早，搭車前往明代十三陵中的定陵，明朝的十三個皇帝都葬在這裡，陵墓在很深的地底下，不知花了多少人力建這個墓，地下並沒有甚麼寶物，也就是陪葬品，但建築卻十分壯觀，定陵葬的是明神宗和他的皇后和一個妃子。

用完午餐後，我們便向萬里長城出發，來北京除了要吃烤鴨外，就是要登長城，去長城的車程十分遙遠，而且是越走越冷，導遊要我們往山上看，有一條蜿蜒的長龍，相當壯觀。到達山腳後，導遊讓我們自行選擇要不要爬，我們一家一馬當先，衝向入口，光是入口上長城就頗累人的，因為坡度是六十度，十分陡峭。好不容易上了長城，馬上一股威武肅殺的氣勢撼動著我，想想看，從秦朝開始，連綿的萬里長城，上面不知站了多少勇猛的中原戰士，為了防範邊界的蠻族，整天整夜的守在這兒。我們才剛過第一個烽火臺，媽媽就不行了，於是只剩爸爸、妹妹和我，繼續向前攀爬，當我們爬到第二個目標上後，已經全身大汗，往後一瞧，景色更加雄壯，但我覺得已經快沒力氣了；沒想到妹妹卻還是精力充沛的往上衝，我也只好硬著頭皮跟著走，這時又想到剛才看到一個石碑，毛澤東題的字，「不登長城非好漢」，這又激勵了我，硬是往頂上衝。

好不容易下了長城，我們要去龍慶峽看冰雕，這兒的冰雕聽說可以媲美哈爾濱的呢。龍慶峽在關外，也就是出了長城再往北走，溫度又要降幾度。難怪冰雕都很堅固，用手去摸都乾乾的，一點也不會融化。各種大型城堡、吊橋、房屋都是由冰雕刻而成，妹妹和爸爸還去溜了冰滑梯呢！

時間過的真快，這五天一下就沒了，最後一天我們去秀水街逛街，和參觀地下城，秀水街就像台北的通化街一樣，賣許多便宜的衣服、皮鞋、皮包，對我而言沒多大意思，倒是四周是使館區，各國大使館匯集，房屋庭院看來非常整潔高級，還有不少軍警巡邏站崗。

地下城是六〇年代中俄關係緊張時，毛澤東下令全國挖的防空洞，各省都可以通的，導遊開玩笑的說我們要跟緊啊，不然到時候迷路，他就要到新疆去找我們啦。我們經過一個倉庫，據說可儲存三十萬人吃上半年的糧食！其他如電影院、理髮院、工廠⋯樣樣都有，實在不可思議。我們在裡面購買了此行最貴的禮物，純絲的蠶絲被，準備回去後送給外婆。

這五天過的相當緊湊有趣，這是我第一次去中國大陸，改變了許多我以前對大陸的印象，她並沒有我想像的那麼落後、髒亂，反而是一個很有紀律，朝氣蓬勃的國家。這塊土地，讓我有一種似曾相識的感覺，許多課本上的歷史，都變成眼前的地理。我覺得這是一個很有價值的旅遊。

男生 vs. 女生

青春狂飆、帥哥美女，異性真有趣

男生通常到了國中階段開始變聲，其他性徵也陸續出現，但除了少數早熟者外，大部分對異性尚未表現出什麼具體的興趣；同齡的女孩普遍來說，反倒不掩對異性的高度關注，不論是向校園帥哥示好，或是追逐影視偶像，都在在展現勇敢的行動力。

克容雖早在幼稚園時就觀察到女生的美麗，但那應是止於欣賞的範疇，他從小學六年級起初具「帥哥」雛形，身材高大、五官立體，進入國中後又是籃球健將，於是不斷受到大批女生青睞，但他一直到國中快畢業才感受到女孩的吸引力，在考完高中的暑假第一次單獨和心儀的女同學約會。所謂約會只是去市區街上小逛，然後去吃個點心。他出門時我問他為何需要背個大書包？他靦靦地說這樣比較有安全感。後來因為他們考上不同的學校，用簡訊聯絡了一陣子也就不了了之，那次約會竟成空前絕後的一次。

高中以後男孩的骨骼、肌肉發展更趨成熟，儘管心智仍屬稚嫩，但在外觀上已和成年男人不分軒輊。此時荷爾蒙分泌旺盛，追求異性的本能開始啟動，當然還是有不少理性青年，以學業前途為重，暫時壓抑本能，專心向學。但也有一些多情種子，開始經歷人生高階課程，提早嚐到戀愛的酸甜苦辣，陷入撲朔迷離的困惑和掙扎。

克容高二時在和女校聯誼的舞會上認識了喜歡的女孩，兩人開始通電話、傳簡訊、約會見面。我對孩子們的教養態度一向開明，不願意用高壓的手段阻撓他們，只願從各個角度分析事情，把所有利害得失點出來，並建議合理的方案。也因為這樣，孩子們都信任我，願意分享私密，向我傾吐心中真正的想法。

基本上我不贊成高中時期就「談戀愛」，這種難度的兩性關係對十幾歲的孩子而言是沈重的負擔。我鼓勵他們以平常心視之，不必「完全絕緣」，以免覺得異性神秘難測，反而造成不健全的心態。但應避免一對一的承諾，最好是大夥兒共處，不論郊遊烤肉或舞會看電影，都是健康的社交活動。至於結交固定異性朋友，進入大學以後應是比較合宜的時機。

然而，希望「擁有」喜歡的人或物，終究是人的天性，克容沒有採納我的意見，還是發展出一小段戀情。從開始的甜蜜，到後來對彼此的期待、限制、干涉，終至疲倦地分手，歷時一年。這段期間，剛好配合他的青春叛逆期，再加上繁重的課業、開朗溫和的

克容長大囉！

個性變成暴躁易怒，課業成績也受到影響。我們當然焦急，除了口頭規勸，我也常用寫信的方式和他溝通，但青春狂飆的因子讓他常有莫名的憤怒，我有時對他的不可理喻感到灰心氣餒，但仍然勉勵自己用最理性的態度，去諒解他的煩躁，去支持他嘗試掙脫混亂。

也不知是高三升學的壓力，或是體內荷爾蒙分泌漸趨穩定，克容後來自動歸隊，過去累積的教養和價值，並未消失，但在學業成績上，還是付出了一些代價。其實他的同學裡，也有在高中就結交固定女友，卻能彼此打氣鼓勵，一起成長進步的例子，但畢竟是少數；大部分的情況都是時間不夠分配，情緒起伏不定，生活作息和學校課業都受到牽制。

可凡在進入國中後，也像一般小女生一樣，開始注意到男生的「有趣」，不再像小學時代，談到男生多半覺得他們「很煩、無聊、幼稚……」。女同學在一起的話題，常是哪個男生很帥很酷，哪個男生的小

可凡第一次拍沙龍照

動作好可愛，尤其學校沒有髮禁和制服，某帥哥穿了某件很炫的衣服，也會讓她們興奮地討論。

班上有幾個女孩開始交男友，再加上也有男孩向可凡表達愛慕，她開始心思浮動起來，有時會和我討論，有時故意把日記放在顯眼的地方。我讀完她內心最誠實的告白，會以同理心和她閒聊。

記得我自己在國中時期，男女同校不同班，校方嚴禁異性同學之間的交往，但仍然有冒著「記過」風險的敢死隊，暗自傳紙條互通款曲，或大膽相約出遊；而我們這些乖乖牌只敢默默地觀察著喜愛的對象，幻想期盼早日嚐到愛情滋味。

國中階段的孩子離成熟太遠，尤其有些男孩愛炫耀、口德差，對於輕易答應約會交往的女孩，往往做出輕蔑評價，甚至取一些不雅的綽號。在我的記憶中，這些急著交男女朋友的同學，麻煩還真不少，除了各類不堪

吾家有女初長成

的耳語流言，還有爭風吃醋、翻臉成仇、挾怨報復的事件，加上校方和家長的干預懲戒，這些青澀的戀情談得真是有點窩囊。

所以我對可凡說，開始對異性有好感是正常自然的現象，不必覺得羞愧，但也不可任其氾濫。現在社會風氣開放，少男少女不致被嚴禁交往，但也不必急著去摘沒熟的果子，戀愛的滋味值得嚮往等待，荳蔻年華保有對愛情的憧憬是很美好的。

我也會訴說一些和凱風交往時的浪漫事蹟和快樂點滴：我們在大學時代戀愛，雙方父母、親友、同學都衷心祝福，我們也已經有比較成熟的心智去認真體驗愛情的奇妙。可凡個性原本就冷靜理性，母女倆的溝通分享，她也會寫進日記中慢慢咀嚼思考，她採納了我的意見，決定先去體驗其他新鮮有趣的事。

每個孩子青春期的症候群不同，對戀愛的渴慕和行動力也不同。這段時期裡，他們揮別了童年的單純快樂，面對生理、心理的明顯蛻變，常有不安和焦躁的情緒：對自己的外貌過度關心，對人際關係的感受特別敏感脆弱，卻又缺乏有效的表達和溝通能力，此外，還要應付現今教育制度下龐大的壓力，真可謂「內憂外患」。我們作父母的，面對孩子奇怪的改變，也會有情緒。此時就該努力回想當年的自己，在叛逆和順服的交戰中，不也有苦澀的掙扎，也有令父母頭疼的時刻？愛和包容是基礎，溝通和支持是技巧；這是我們常需記在心裡，並樂於練習的功課。

管或不管

夫妻教養不同調

每家夫妻或多或少都會有一些爭執，我和凱風平時相處融洽，幾乎沒什麼可以吵架的材料，我們的價值觀一致，待人處事的原則相通，生活習慣也越來越像；但隨著孩子的成長，卻發現有一個觀念和作法總是不能妥協，不時就會引爆一次爭執。

凱風的父母早年離異，父親難得回家探望，母親又將時間精力奉獻給教會，他們兄弟姊妹四人，不論是生活起居或求學讀書，幾乎都是靠自身的努力，鮮少需要父母操心。而四個孩子在成長的過程中，倒也順遂，不但品德操守中規中矩，學業成績也都斐然，全部畢業於知名學校，而且學

可凡與Tiny

有專精，分別在國外取得碩士、博士學位。

而我的成長過程，父母是全程參與，生活起居固然照顧得無微不至，功課方面也盡量幫忙。記得我剛進小一時，搞不清注音符號，從未學過ㄅㄆㄇ的爸媽也一籌莫展，立刻找了鄰家的大姊姊來教導。後來數學跟不上，又趕快徵聘家教來個別輔導。所以我雖然開竅得晚，一路懵懂，幸得父母的開導扶持，在各方面都漸入佳境。

孩子小的時候，凱風對他們的照顧呵護沒有話說，有時連我都覺得太過周到，怕他們養成依賴心，不容易自立自強。曾幾何時，等孩子開始上學了，我才發現凱風原來只關心生活起居的照料，對於學校課業則是完全不聞不問，甚至有時孩子問他功課，他竟然顯現出少有的不耐煩，總是要他們自己去想，還講風涼話：「想一遍不會，想一百遍就會了。」我聽得冒火，說他這種理論不通，就像不會游泳的人，不教他方法，卻把他丟進水裡叫他自己去游一百遍，多半是淹死了。但是他完全不為所動，總是回我一句：「有興趣自然就會，我們從小也沒人教，還不是好得很。」

這個議題成為我們最大的歧見，雙方都認為自己的理念才是正確的。於是在我們家裡，引導孩子讀書、幫忙解決課業疑難的是我；替孩子做早餐、灌水壺、叮嚀他們按時睡覺的是凱風。

我對數理毫無興趣，念了文學院後更是將之徹底拋諸腦後。克容的文科我指導得興致高昂，只要他提問，我必巨細靡遺地解釋清楚，並附加許多來龍去脈；但對於數學，實在不願重溫過去的惡夢，所以總是脅迫凱風出馬。結果多半不歡而散，做老子的怒氣沖沖，做兒子的滿臉委屈，甚至潸然淚下，為娘的又急又氣，偏又幫不上忙。

凱風在某些方面應屬「先知先覺」型。婆婆曾經告訴我，凱風從小安靜，躺在嬰兒床裡不吵不鬧，隨便給他一張紙都可以玩半天，後來讀書、

做功課都有貓咪作伴

下棋、打球，都是無師自通。他姊姊也說他總是自修進階課程，中學時就把大學微積分弄懂了，對物理的喜愛更是狂熱，所以學校課業對他而言輕鬆容易，從來不需補習或熬夜，還可以替姊姊解決難題。

所以兒子的「問題」在他看來簡直就不是問題，「這麼簡單還要問！自己去動動腦筋！」經過多次挫折，兒子也不願問了，對數理的學習總是意興闌珊，不論我對凱風如何軟硬兼施，做爸爸的總是那句：「他有興趣自己會去瞭解，沒興趣，教了也沒用。」

可凡的「獨立作業」模式很像老爸，溫書、寫功課都是悶聲不響地就完成了，提問題多半是為了樂趣——想考倒我們。我對她的幫助方式比較屬於啟發式的，例如談到某個主題，會告訴她家裡哪幾本書有提到，可以翻出來看看，而她也都會很好奇的去探究，但囿於我的能耐，都只限於文史方面。

其實我希望凱風做的，除了幫忙輔導功課、考試上的疑難雜症，也希望以他的專業帶領、誘導、啟發孩子對科學的興趣。我們鄰居裡有不少父親就是這麼做的，從小帶著孩子親近數學，或做化學、生物實驗、或寫電腦程式、裝電路板、做簡單的機械裝置等等，而他們的孩子相對的在這些學科上也有優異的表現，好幾個克紹箕裘，大學考進和老爸同樣的科系領域。

就算有現成的「成功案例」，還是不能打動凱風的信念，他篤信「主動學習」，強調「興趣」，而且是「終身的興趣」，他認為許多所謂的「天才」、「資優」都是父母師長提前助跑的假象，經不起時間考驗，甚至造成孩子不必要的壓力。有時被我逼急了，還搬出一些他知道的"burn out"例子：哪個朋友的孩子，原來是表現傑出的資優生，念到大二就休學了，再也不肯唸書了；那個孩子原是哈佛的高材生，卻在學校崩潰了，再也無法復學……我說他舉的例子都太極端，和我所講的「適時扶孩子一把」是兩回事。總之，雞同鴨講，這件事到現在我們還沒辦法說服對方。

不同的成長經驗帶給我們不一樣的信念，不同的個性也造就不一樣的態度。我天性熱情雞婆，好為人師，就算在服務的機構裡充當內部講師，也是唱作俱佳、傾囊相授，何況是對自己的孩子？凱風個性內斂矜持，和朋友相處固然是君子之交，對學生也是點到為止，從不疾言厲色或嘮叨叮嚀，對自家孩子當然更是無為而治。我批評他獨善其身、不夠熱誠，他仍維持一貫風度不做辯解，偶爾在我千方百計下客串演出，稍微點撥一下孩子，但距離我的「熱誠」標準還是差太遠。

觀察許多同事朋友的家庭，有些父母真的不管，孩子照樣出人頭地，有些操心得不得了，孩子仍舊紕漏不斷。對照我前

克容從小就有好多書

面所舉鄰居的成功案例，管或不管，還真難有定論。不過我還是認為，父母以開明的態度，客觀瞭解孩子的性向，適度給予正面、建設性的引導和輔助，絕對不是揠苗助長。「性向」很重要，「適度」更重要。現在社會上不少父母太過求好心切，從小就過度干預孩子的學習，把每天的時程排得滿滿的，這種狀況持續到某個程度，也許就會造成burn out的現象，讓孩子對學習倒盡胃口，甚至心生恐懼。

我和凱風在對孩子的課業輔導上有迴然不同的做法，也許都有「過」與「不及」的傾向，但差異是好的，至少有制衡的力量，讓我們暗自警惕，不致向「完全不管」的放任或「管得太多」的專制去發展。

亂或不亂

生活教育的拿捏

最近看報紙，說台灣離婚人口已破百萬，離婚對數也呈逐年增加趨勢，而不婚人口，十年增加了一倍。這些現象，自然有其社會、經濟、教育、文化等各方面的因素。所謂相愛容易相處難，兩個來自不同家庭的個體，要長期生活在一起，還要面對接踵而來所衍生的問題，真的需要雙方忍讓體貼，這些老生常談是知易行難，在現今講求獨立自主、彰顯個人的風氣下，很多人受不了磨合的過程，寧可拆夥。

除去外遇、婆媳、經濟、子女教養等常見的問題，生活習慣也常是造成夫妻失和的導火線。記得我有一個朋友新婚未久，就對我們抱怨老公的邋遢，說他長褲脫下後就一團留在地上，令她瞠目結舌，喝完的果汁杯留在床頭櫃，也令她無法成眠。我們笑她太挑剔，而且奇怪他們竟然交往多年都未發現彼此的習慣，一定要等結婚才真相大白。

另外也聽過先生抱怨太太有潔癖，在家一舉一動都受到限制，在沙發上不可吃東西，沒有沐浴更衣不可進臥房，書報雜誌太髒不可帶上床等等，搞得先生精神緊張，不願回家。

一般說來似乎男生比較邋遢，但也有全然不是那麼回事兒的例子。我有一位漂亮朋友，從小就姿色出眾，一直不乏人追求，但眼界甚高，至今小姑獨處。有段時間她居住美國，某次和多位朋友出遊後午夜返家，其中一位男伴殷勤體貼，自告奮勇先替她入屋內察看，唯恐獨棟房子裡有歹徒埋伏，驚嚇到佳人。一圈巡下來，只見男伴衝出去大叫不好，說她家被劫，翻箱倒櫃，滿目瘡痍。朋友跟著入內，很尷尬地說家裡原本就是這樣。這位資深美女早已放棄成家念頭，覺得一個人自由自在，海闊天空，完全不想為了顧慮別人的觀感而改變自己的恣意放縱。

生活習慣的差異不但造成配偶間的摩擦，連自己繁衍出來的後代、從小培養訓練的子女，行為模式也和自己不同調，進而影響到彼此情緒時，真是徒呼負負。

我們家四個人，兩派壁壘分明，兒子和我比較在意家中的整潔，對一些細微的改變都可以明察秋毫（不是故意的），環境一亂就覺得心浮氣躁，沒辦法專心做事。另一派的父女檔，則頗有科學家（例如牛頓）的傳奇風格，對這些生活小節毫不在意，常常處於心不在焉的狀態。我有一次惡作劇，把新買的假葡萄放在水果籃裡，要凱風去洗一洗準備飯後吃，他遵命照辦，裝盤端回，完全沒發覺異樣，我

客廳角落

笑得東倒西歪，覺得不可思議。

凱風在學校的研究室我很少涉足，記得第一次踏進時真是有「驚駭」的感覺，因為雜亂的規模很龐大，有心想幫忙整理都不知從何下手，而他也真的害怕我會動手清理，「弄亂」他那些浩瀚的書籍、資料、計畫書、報告……，就連分佈四處的網球拍、球鞋、保特瓶、咖啡罐、外套……也不希望我「染指」，所以我也識相地避免造訪，雙方摸索出一個默契，井水不犯河水；但是家裡的這片淨土我可不能輕易棄守。家中屬於他的書房雖亂，但至少有一定範圍，出了轄區後便不敢造次，所以我們家大部分區域尚稱整潔。

但自從可凡報到後，情況漸漸失控，隨著她年齡增長，個人衣物和書籍用品增多，淪陷的版圖越來越大。自己的書桌不敷使用後，哥哥的書桌接著遭殃，經過「受災戶」嚴正抗議後，又悄悄蔓延到飯桌和客廳。至於

可凡難得有這樣的表情

各類衣物用品，更是散落各處。連每天來家幫忙的鐘點工都忍不住臧否：「你們家哥哥很會收東西，奇怪這妹妹……我每天收怎麼還是這麼亂？」

這期間我從和顏悅色的道德勸說，到忍無可忍的真正動氣，可凡總是睜著她那雙無辜的大眼睛環顧四周，好似完全無法理解我為何需要生氣，有時還會小聲辯解：「這樣很handy啊。」其實她是一個組織能力很強的人，只要是感興趣的東西，收集、整理、分析、歸納、存檔，做得完美無瑕。我有時問她一項多年前寫的或讀的資料，她都可以信手拈來，令人驚嘆。可見她對收拾東西，不是不能，而是不為也。因為她覺得那些雜物不需費時處理，亂或整齊對她並未造成任何影響；但問題是，別人會受影響。

我常對可凡說，人是群居動物，行為必須受到社會制約規範；在家用完東西不歸位，讓下一個要用的人找不到，雜物到處堆放，造成視覺污染，家人頂多吼一吼，卻也莫可奈何；但若是將來住校或成家，妨礙到同儕室友或另一半，別人恐怕很難長期容忍。她覺得我言之有理，有時發憤圖強，花幾個鐘頭徹底整理，把房間收拾得一塵不染，還發揮美學創意，用自己的畫作或小擺飾布置，讓老媽看得心花怒放；可惜好景不長，過一陣子又變回我所稱的「福德坑」（垃圾掩埋場）。

所以從小到大，唯一會造成我們母女不愉快的事就是「亂或不亂」，兩人標準不同，感受相異。我氣得要命，她渾然不覺，等我強力發作時，她覺得我反應過度、小題大作，所以也繃個臉很不痛快。凱風心裡當然是同情女兒的，因為他真的覺得我所謂的亂看起來一點也不亂。有類似狀況的朋友不少，大家交換經驗，該用的辦法都用了，除了影響家庭氣氛，可說無啥成效。我只好調整自己，把標準降低一點，約法三章，我不再干涉各人房間，但公共領域還是要維持起碼的整潔，公用物品用過要物歸原位。亂或不亂，大概真的是主觀問題，身為群體動物，只有各讓一步啦！

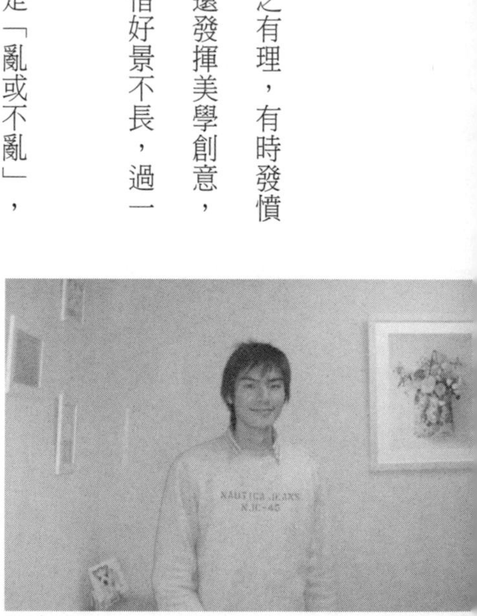

愛整潔的大男生

補或不補

面對蓬勃的補教環境、撲天蓋地的參考書，該怎麼辦？

教改的議題沸沸揚揚地被討論了多年，其中牽涉到的教育理念、配套措施、執行實效等等問題盤根錯節，我們既不具備專業，也沒花時間深入研究，更無法一探這場歷經十餘年、仍在進行中的「改革」全貌，但身為躬逢其盛的學生家長，就算沒有刻意觀察，仍有很強烈的感受。不論當初立意如何崇高美好，目前的狀況看來是，學生的壓力並未減輕，素質反而低落，家長和老師的負擔更重，而最蓬勃發展、一枝獨秀的竟是補教業。

我和凱風起初都對「補習班」很陌生，也多少有點排斥感。凱風從小到大求學順利，不需外力幫忙，固然不在話下；我從小矇懂，父母聘請家教到家裡陪做功課，對我而言，不但沒有額外負擔，反而覺得輕鬆。但補習班是正規學校放學後，學生再去上課，另外尚有作業、考試，披星戴月地回家後還要再做學校的功課，想來都覺辛苦，青春歲月似乎不該被這些硬梆梆的科目塞滿。

孩子小的時候，因為聘請外籍老師到家教授英文效果不彰，第一次掙扎是否該送他們去「兒童美語補習班」，後來發現美語班是有一套寓教於樂的方法，他們還挺喜歡的，也替以後的英語學習奠定了一些基礎；所以「補習班」三個字對我們而言，聽起來不再那麼刺耳。

克容國中以後，數理成績相對較差，卻因過去不愉快的經驗，不太願意請教凱風，眼看這方面的學習淪入惡性循環，越不懂越不想碰，越不碰就越不懂。於是該不該送去補習的掙扎又開始了。這不同於小時候學英

可凡在客廳一隅閱讀

文的輕鬆心情；總覺得放學後再去正襟危坐上學，不太健康合理；所以一直拖著沒有採取行動。直到有天在附近巷弄發現一家小小的「湯老師家教班」，竟是同事下班後的兼差事業，由他自己擔任數學、理化老師，一週兩次，主要是出題目給學生做，做完再檢討講解，「一班」只有七、八個孩子。我覺得這種型態的「補習」比起市區裡的大補習班，應該比較能照顧到每個孩子不同的需求。於是在徵求克容的同意後，讓他去試試看。

結果克容很服氣湯老師，說他不僅態度認真負責、充滿熱忱，解析題目也清楚易懂，比學校老師棒多了。孩子的評語讓我對「補習」的觀感又做了一番調整。當社會普遍對補習班林立的現象大加撻伐之際，其實它也擔負了某些層面的「補救」功能。

可凡的狀況又不大一樣，她對學校功課向來應付裕如，對數理科目也有興趣，照理說不必再尋求外助；但她求好心切，上了國中後也要求比照辦理，要像哥哥一樣去湯老師那兒做題目，我們尊重她的決定，反正就在鄰近步行範圍內，倒是省了不少接送的麻煩。

國中時期的課程畢竟簡單，克容在湯老師的輔導下，數理成績明顯進步；但應該是性向使然，他上了高中後，數理的學習又露疲態。可惜湯老師不教高中，他終於決定走進市區的大補習班。

這種補習班學生人數眾多，通常一班就有一、兩百人；而師資也都是各顯神通的「名師」，有的是學經歷顯赫，有的是戰績輝煌（教過多少個學測滿分的高材生），有的是幽默風趣的名嘴⋯為了搶好位子或怕名額滿了，擁有王牌老師的補習班門口，在開始報名時竟然爭先恐後，大排長龍；還有更高段的大師，「本尊」只留在台北授徒，上課實況經錄影成「分身」，分送各縣市補習班播放，學費照收照樣人滿為患，真是令人嘖嘖稱奇。

經過觀察，我發現這種類型的補習班，對克容的學習並沒有顯著幫助，甚至造成他在學校不專心上課，「反正補習班還會講一遍」的依賴心理；但他辯稱是學校老師表達能力太差，讓他失去聽講興趣。至於做習題與否，大型補習班當然不會管，完全是「師父領進門，修行在個人」；克容或許被湯老師督促慣了，一旦沒人盯他，又開始疏於數理的習作；每次我走進他房間，看到他不是在看英文，就是在讀國文；補習班的名師講得再精彩，對克容這種性向明顯的學生，發揮的效果其實有限。

可凡在小家教班裡倒是學得很扎實，不但對每個單元瞭解透徹、勤做習題，還有餘力去看看湯老師建議的課外教材和科學雜誌。她也常感嘆學校部分老師或許囿於經驗，或許受限於表達技巧，或是受調皮學生影響情緒，在教學上和學生的互動並不理想，至少

克容熱愛運動.

在數理科目上，她覺得來自湯老師的啟發比較有助益。

教改的另一具體現象是把教科書改為一綱多本後，參考書的出版來勢洶洶，簡直可用「撲天蓋地」來形容。克容的母校新竹高中附近，就有一家專賣參考書的書局，我戲稱之為「題目店」；裡面五花八門各種品牌參考書，從小學到高中，從主科到副科，稍事瀏覽保證眼花撩亂，深覺浩瀚無崖。每逢學期伊始，人潮洶湧，但見家長學生，每人手提大袋，心情沈重不光是為荷包失血，而是想到要把這堆沈甸甸的資料讀完、題目做完，要耗費多少寶貴青春？

兩個孩子眼見同學大都備有參考書，也開口要求購買，並振振有詞地說課本陳述過於簡單，習題不夠豐富深入，以致難以準備考試等等；我也就捐棄己見，陪他們選購，陷在人潮中等著付帳。後來發現有些老師的考題果然與參考書題目雷同甚至完全一樣，難怪做慣參考書容易在學校拿高分。但經我觀察，有些參考書的題目已經鑽牛角尖到走火入魔的地步，對提升程度並無幫助；或許在解題的熟練度上可以提供練習機會，但若對原理沒有透徹瞭解，還是有其侷促性。

克容因練球、比賽等活動佔去不少時間，能把學校課本、作業解決是首要任務，許多參考書只是聊備一格買來安心，學期末了仍然嶄新空白，純屬浪費。可凡倒是認真書寫，每本都密密麻麻地做完，但行之一學期後，她也認同我的觀察，覺得數理方面仍應以觀念為重，真正瞭解原理才能應付各種變化題目。語文方面，更是需要養成閱讀的習慣，從名家作品裡長期吸取養分，慢慢內化成自己的認知；此外，還需練習寫作，強化分析、歸納、表達的整合能力，這種緩慢的過程，才是點滴形成的「程度」；光靠快速填寫參考書裡的選擇、填空題，和奠定程度底子還是有落差的。

該不該補習，需不需買參考書，還是個見仁見智的問題。有些孩子從未補習，照樣融會貫通，表現優異；有些孩子每科都補，精疲力竭仍不見起色。當然也有不少孩子覺得補習幫了大忙，參考書更是好用。我們家是尊重孩子自己的決定，補或不補，絕不勉強。在建構式數學、九年一貫、一綱多本⋯各種令人眼花撩亂、心浮氣躁的教改政策出爐之際，孩子是首當其衝的實驗對象。他們若覺得補習或參考書有效，做師長的也不必一味反對；反之，他們若感覺補習是增加負荷、毫無效果，做父母的更不該一意孤行，強迫孩子每天「超時」學習。

插・柳・篇

「可凡在小小年紀出版了三本譯作，

被人視為早慧的小才女……，每當有人誇讚她優秀，

甚至稱她為『天才』時，

我都真心誠意的解釋，她不是天才，

她只是很專心認真的做自己真正喜歡的事；

而我們只是提供了一個友善的環境，

讓她有自由探索、發揮潛力的空間……。」

夏綠蒂的網

可凡的第一本譯作

可凡升小六的暑假，我因工作忙碌，未像往年替她預先安排夏令營或其他活動；克容剛考完高中，除了去參加「卡內基」人際關係和溝通表達的訓練課程外，整天忙著和同學玩樂，無暇陪伴妹妹。我擔心可凡在家無聊，想到家裡一大堆英文童書，忽然靈機一動，要她自己去挑選一本翻成中文，一章獎賞稿費一百元。她覺得這是很棒的遊戲，一來打發時間，二來還可以賺錢，立刻高高興興的選書去了。

我們家的英文童書很多是來自朋友的二手書。這些朋友早年在美求學、就業、成家，中年以後舉家遷回台灣，小孩進入科學園區的雙語學校

可凡（中）與啟蒙師陳春笑老師

就讀，他們知道可凡愛書，便把看過的故事書，甚或教科書送來，其中這本《夏綠蒂的網》（*Charlotte's Web*）一再出現，連某本教科書裡都有摘錄，可凡直覺這本書一定很有名，雖然還沒細讀內容，卻已決定選擇它來試著翻譯。我當時瀏覽了一下，覺得這本英文不算太初級，勸她換本簡單點的，免得一下子就失去興趣，但可凡很堅定，我也就隨她了。

此後她每天坐在電腦前邊看邊打字，每翻完一章便來向我領取一百元，速度很快，我剛開始時沒有在意，心想只要她有在嘗試便可，並未想到「驗收品質」，直到被領走四、五百元後，才要她把作品拿來瞧瞧，這一瞧真是大吃一驚，發覺可凡的文筆不僅流暢，更是充滿了活潑的童趣，於是大大誇讚了她一番，還把她的譯稿帶到辦公室去和同事分享。可凡經此鼓勵，進行得更帶勁兒，打字的速度越來越快，翻譯的技巧也

可凡新書發表會

越來越純熟，還常有神來之筆，令人拍案叫絕。

書中的主角除了小女孩芬兒、小豬韋伯、蜘蛛夏綠蒂，還有許多農場動物串場，這些擬人化的動物各有個性，不論對話或行事風格都被描繪得很鮮活，尤其是蜘蛛夏綠蒂，神秘的出場氛圍烘托出她的不凡，用字遣詞的考究顯示她的博學，對事情的見解透露出她的智慧，而最感人的，當然是她和小豬韋伯的情誼。可凡以童稚的眼光去看整個故事，用自己的口氣翻譯出來，真情流露，毫不矯飾。我有時看她的稿子會笑出聲來，例如她寫韋伯逃脫被捕的經過「牠哭得很厲害，幾乎什麼都看不到，畢竟，韋伯只是隻年輕的豬，只比嬰兒豬老一點。」她也會套用腦子裡的詞庫，例如把Secrets are hard to keep（秘密是很難保守的），翻成「紙終究還是包不住火」，把Zukerman's famous pig（薩克曼家有名的豬），翻成「薩克曼的掌上明『豬』」。總之，一路看下來，令人覺得興味盎然。

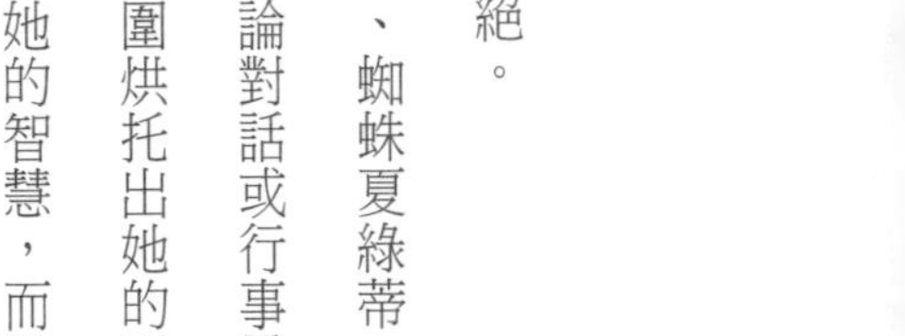

可凡在誠品書店與各種版本的「夏綠蒂」合影

我的辦公室離家很近，暑假期間便盡量利用中午回家陪可凡吃頓飯，每次踏進家門時都看到她端坐在電腦前認真翻譯，雖提醒她要注意眼睛，不要太疲累，但等傍晚下班回家時，她仍然待在原位，總要我們強力邀約一起去散步，才依依不捨地離開電腦，可見可凡對這個「遊戲」的喜愛與投入。後來我才發現她的「進度快」是用大量時間的專注換取的，她其實有許多不認識的字彙，而單一英文字彙常有許多不同的意思，勤查字典後，可凡在原文書上用色筆仔細標出生字，在空白處用整齊娟秀的字記下解釋，揣摩整句意思後，再推敲如何用中文表達，所以是個費時的過程，但我剛開始時不瞭解，只覺得她來領錢的頻率高，好像很輕鬆。

那陣子只要有朋友來訪，我都忍不住把可凡的譯作拿出來秀，一方面是得意，一方面也想聽聽朋友的意見。結果有位朋友鼓勵我們去詢問出版的可能，我心想這只是小孩子的遊戲之作，怎麼可能？更何況這本書的英文版出版於一九五二年，一定早就被人翻譯過了。後來覺得先問一下也無妨，就按照書後「書林出版社」的電話打去詢問，到底這本書有沒有中文版？結果他們誤以為聯經出版社擁有翻譯版權，建議去問問看。幾經轉折，我們終於把部分文稿寄去給聯經出版社，可凡充滿期待，我卻在心中盤算，若是被退稿後要如何勉勵她不致受挫。沒想到文稿大受總編輯林載爵先生的青睞，幾天後不但親自打電話來鼓勵讚美可凡，還允諾我們只要版權問題解決，一定出版。原來這本書早年是被翻譯過，但當年沒有智權觀念，而且也早已絕版了。近年雖曾被某家出版社簽下翻譯版權，卻又不知什麼原因一直沒動工，而其合約期剛過，所以這本歷史悠久的兒童文學名著，在台灣竟然剛好處於版權空窗期。

我們後來和林總編輯晤談時，才知道可凡隨手挑的這本書大有來頭。它的作者E. B. 懷特是美國著名散文家、詩人、專欄作家，並不是專業的童書作者，為了逗姪女開心，寫了二本童書，成為膾炙人口，既暢銷又長銷的兒童文學經典。另兩本是《天鵝的喇叭》、《小不點蕭司特》（電影《一家之鼠》的原著），而《夏綠蒂的網》更是曾榮居美國最偉大的十部兒童文學名著首位，被翻譯成二十餘種文字，歷年來銷售逾千萬冊。聽完這本書的「履歷」，覺得世事真奇妙，這麼有名的書，居然中文譯本從缺，會在五十餘年後由可凡來翻譯，這真是特殊的緣分。

可凡從小就喜歡自製手工書，自娛娛人，也常夢想有朝一日能出一本「真的」書，這下子美夢成真，連我們都感到興奮莫名。在編輯出版的過程中，聯經一直很尊重我們的意見，連封面設計都由我推薦的好友擔綱，而整本書也不負眾望，色彩亮眼，非常討喜。文字部分，除了少數專有名詞經考證後稍有更動，其他完全保留可凡的原稿，一字未改。編輯高玉梅女士，對可凡

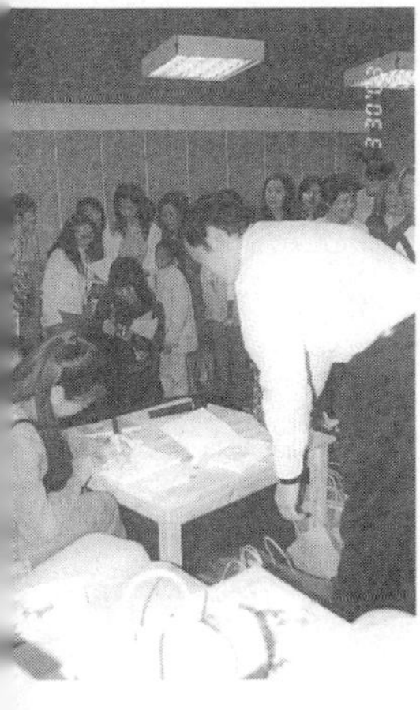

粉絲排隊等可凡簽名

付出真誠的關愛，也在和我互動的過程中變成可以深談的好友。《夏綠蒂的網》於二〇〇三年三月出版，聯經出版社特別幫可凡辦了新書發表會，廣邀各類媒體採訪，我們自己也邀了不少親友、師長來參加，當天大約有一百位左右的賓客。

發表會流程中安排可凡致詞，我雖然有點擔心她可能會怯場，但想到她更小時曾在學校裡參加過英語演講比賽，聽眾更多，雖然緊張，還是表現得不錯，所以也沒特別操心。沒想到當天一進會場，陣仗還蠻嚇人的，除了平面媒體，還來了好多家電視台記者，攝影機一字排開，一堆麥克風堵在可凡的面前，我和凱風一方面想讓她自由發揮，一方面也急著去招呼客人，便撇下她一個人去面對。不一會兒就有人通報說可凡好像快哭了，待我趕到她身邊，只聽到兩位女記者在互怪語氣太急促，把小孩嚇到了，再看可凡已抽抽搭搭地哭了起來。

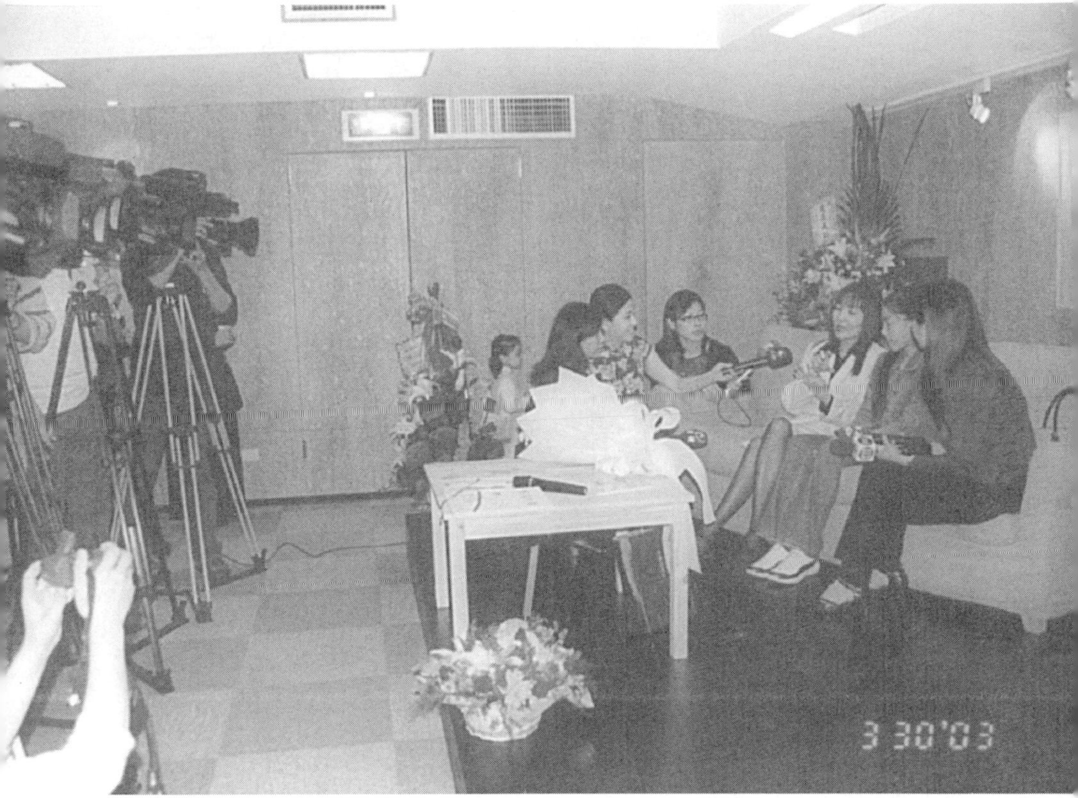

接受媒體採訪

待發表會正式開始，上台致詞的來賓都詼諧幽默，妙語如珠，讓氣氛輕鬆起來，有位長輩還致贈兩句對聯「可凡可不凡，是為可凡；凡人所不凡，乃真不凡。」我的老同學李雪津女士時任新聞局副局長，稱可凡是「值得尊敬的小孩」，不是因為聰明，而是她「專注與堅持」的特質。另一位老同學舞蹈家羅曼菲女士，不但替這本書寫序，當天也特地趕來勉勵可凡，要她依循自己的興趣發展，不要為了符合別人的期望而有壓力。（曼菲二〇〇六年五月辭世，她的內在與外貌同樣美麗，永留我們心中）。最後由可凡的啟蒙師陳春笑老師壓軸，以她一貫的真摯熱誠，細數可凡動靜皆宜的種種，包括賽跑、爬竹竿比男生還快的往事，熱力穿透全場，而可凡也破涕為笑，欣然接受採訪，並為大家在新書上簽名。

當天多家電視的晚間新聞都報導了這個「全台灣最年輕譯者」的新聞，第二天許多報紙也大幅報導，接著就有電視綜藝節目來邀約，但我們

羅曼菲（右）與李雪津（左）都前來鼓勵

都婉拒了，畢竟可凡還年幼，不該讓她受到太多干擾。至於有些形象口碑良好的雜誌、廣播電台來聯繫採訪，我們還是讓可凡嘗試，也算一種磨練吧。

或許是天性低調，可凡從未因小有名氣而沾沾自喜，甚至對最好的同學都從不提翻譯出書的事，但在學校仍有人對她刮目相看。好在老師同學雖然與有榮焉，爭相購買新書一睹為快，日久也盡量以平常心和她相處，所以可凡雖然在小小年紀做了件不太平凡的事，但生活或心境上還是一個單純平凡的孩子。

龍騎士

三十萬字的巨著

可凡的譯作《夏綠蒂的網》出版後引起不少注目，許多讀者朋友，不論年齡老少都表示喜歡，甚至有好幾位讀者對我說，他們的小孩原來對閱讀毫無興趣，看到這本書後居然愛不釋手，一口氣讀完。我想這當然是原著精彩的緣故，不愧是歷久彌新的兒童文學經典，可凡做的，只是忠實地把它的活潑趣味和純真情感轉換成中文。

聯經出版社很珍惜可凡的特質，當時的發行人劉國瑞老前輩，已高齡八十，特別設宴款待我們全家，對可凡像對孫女般地疼愛，席間只要可凡提到喜歡某套書，便立刻交代左右記下來，日後果然寄贈給可凡，這種惜才愛才的情誼，讓我們非常感動。

不久後聯經編輯部門又找到一套英國出版的七十五冊娃娃書要可凡翻。這套書每本輕薄短小，文字和圖畫都很簡潔，很適合幼兒閱覽。有了之前的歷練，這套書相較之下容易得多，可凡這次的進度是真的快，沒多久就完成了逾半，三十幾冊。可惜後來聯經發現市面坊間太多種盜版，甚至還有大張旗鼓的光碟、錄音帶配合，價格低廉，令人眼花撩亂。此時若推出有版權、成本高的正版，恐怕會血本無歸。於是整個出版計畫喊停，可凡雖然還是領到了稿費，但我們心裡都覺得怪可惜的，這也才瞭解到一本書從談版權、撰稿、校對、修訂、編輯、美術設計……到真正能夠問世，不是那麼容易的。

到了二〇〇三年底，商務印書館忽然和我們聯繫，希望可凡翻譯一本青年勵志書《少年大不同》（*Wising up: A Youth Guide to Good Living*）。剛好寒假快要來臨，我便鼓勵可凡試試。等看完原文，發覺這本書每篇篇幅雖短，文字也不見得艱深，其中包含的哲理和意境恐怕不是可凡的年齡所能體會的，便有點猶豫，後來和我聯繫的總編輯建議我們母女合翻，這倒是個不錯的點子，於是我們展開了一段頗值得回味的相處時光。

每天晚上把該做的例行事務做完後，母女倆就安靜地各翻一篇五百字左右的文稿，然後再交換意見。可凡的速度比我快，但錯誤也不少，畢竟這本書不是童書，每篇都引經據典，有來自各國的諺語或名人珠璣，需要反覆查證。而我下筆時常有顧慮和包袱，瞻前顧後，覺得自己的句子嘛牙拗口，往往要靠可凡輕輕一點撥，才立刻豁然開朗。

這本書出版時被定名為《少年大不同》，美術設計和內頁插圖仍由我推薦的好友負責，看起來賞心悅目。內容方面，就像可凡在序中所言，「乍看有點像在說教，但作者以輕鬆的態度，穿插了許多有趣的例子，讓

可凡與《魔戒》譯者朱學恆合影

一些古老雋永的智慧，能和現代生活緊密結合……」，以勵志書而言，風格清新可喜，頗耐人細細品味，但可惜商務沒有安排任何宣傳推廣活動，所以知道這本書的人似乎不多。

聯經此時寄來一本厚厚的精裝英文書，深藍色的封面上映有一條寶藍色的龍，非常特殊。可凡原本對精裝書便有偏愛，對這本書的「外型」深感興趣。打開一看，作者克里斯多夫・鮑里尼（**Christopher Paolini**）是個美國男孩，從小就在家自學，由父母親自教導，從未上過普通學校。十五歲時通過高中鑑定考試後，便開始撰寫這套三部曲的第一部《艾瑞岡》（*Eragon*），一年後完成，在世界各地引起很大迴響。聯經希望可凡接下翻譯的工作，一方面固然是對她的文筆有信心，一方面也想在未來推廣時凸顯「十五歲的少男作者，十三歲的少女譯者」這種比較不尋常的組合。

這本書的份量實在太重了，五百多頁，內容猛一看有點像奇幻文學

《魔戒》的風格，書裡的角色眾多，情節曲折，故事發生地點疆域遼闊，也有精靈、矮人，還有地圖、古語……看起來錯綜複雜，翻譯起來絕對是工程浩大，光靠寒暑假絕對無法完成，我們傾向於婉拒，擔心可凡不堪負荷，也怕耽誤出版時程。

但是聯經以最開放的態度，保證不給可凡任何時間壓力，鼓勵她勇敢嘗試。可凡粗略瀏覽，發覺故事一開始便有股神秘、迷人的氛圍，實在捨不得放手，經過幾乎兩個月的深思，也和我們充分討論後，決定接受這項挑戰。

不同於《夏綠蒂的網》只有五萬多字，而且字彙淺顯、文句簡潔；這本「巨著」有三十餘萬字，對於各種自然景觀或城堡農莊，乃至於人物、動物、妖怪等外觀、服飾、武器，都有細膩的描寫，不僅常有冷僻的字眼，還會遇到字典上查不到的詞彙或專有名詞，或即使明白字義卻礙於生活經驗不足而無從想像的情景事物。可凡剛開始時進度非常緩慢，好幾度都想放棄了。後來發現可以上網去找相關資料，有時還有圖片可以參考，實在沒把握的，就請教當時的美國家教Steve。這樣琢磨了好一陣子，才漸入佳境，不但習慣了作者的寫作手法，也對曲折豐富的故事情節和書中角色越來越著迷。這個魔幻探險之旅，除了緊張刺激、悲傷痛苦，也有溫馨幽默的一面，尤其描寫主角艾瑞岡和藍龍思飛、師父布朗姆之間的愛，更是令人動容。

雖說出版社不給時間壓力，可凡自己還是有一套掌控進度的方法，她製作了計畫表，規定自己在週休二日的時間裡，要完成多少章節，連同未來的暑假，預定在升國二之前完成全書。而她後來執行計畫時展現的毅力和決心，也常令我欽佩感動。因為週末總是

可凡應邀與名作家林良先生一起頒發金鼎獎

會有一些額外活動或家族聚會，我有時會要她放鬆一下，日後再趕進度，但她怕影響課業，週間絕不趕工，總是在週末利用各種時段，把預定的進度做完；而她在校成績也始終維持全班第一，可凡的這種自制力和自我要求，恐怕連許多成年人都做不到，而且最可貴的是，她始終樂在其中。

為了確保譯文前後連貫一致，可凡還細心地將眾多人名、地名、古語（作者創造的）做系統性整理，對照每次出現在原文書的頁次，編列在筆記本裡，詳盡清楚。而那本筆記本是我後來才發現的，瞠目結舌之餘，和凱風都覺得既感動又驚奇，我們從未教導她這種歸納整理的組織能力，她竟然自己摸索出一套精準有效的技巧。後來文稿在編輯時，我特別要求把這部分附錄在書後，無奈書頁已逼近六百頁，所以僅節錄一小部分供讀者查詢對照。

由於作者自創了不少古語、矮人語，可凡曾和我討論，這部分究竟要

新書宣傳活動

音譯或意譯，我說音譯只是一串沒含意的字，但若意譯，又和其後的解釋無法區別。她想了一陣子，後來把稿子拿給我看時，我覺得她的創意真是可愛，忍不住笑了起來。可凡那時剛讀完一學期國中，僅有一點點的文言文底子，卻把它靈活運用到翻譯上。例如有一句Fethrblaka, eka weohnata neiat haina ono. Blaka eom iet lam. 她把它譯成古意盎然的「羽翼，吾非傷汝，翔至吾手焉。」和其後的解釋「小鳥，我不會傷害你，飛到我手上來吧。」做區隔。又例如「斷其腓之骨！」即「打斷他們小腿的骨頭！」除了這類巧思，全書的譯文不僅生動流暢，還可看出她駕馭文字的能力更成熟了。聯經對她的文稿全盤接受，僅做校對勘誤的修訂。

翻譯的工作果然按可凡自訂的時程完成，並順利於二〇〇四年九月出版，書名由林載爵總編輯親自選定為《龍騎士》，並慷慨地同意可凡的要求，不計成本地以軟皮精裝的型態呈現，整本書的質感甚至超越原文版。

作者鮑里尼在原序文中曾言，為了宣傳這本書，行遍美國，參加了超過一百三十場的簽書會，並在學校、書店和圖書館演講。他的努力開花結果，《龍騎士》榮登《紐約時報》連續二十六週暢銷書排行榜，並賣出三十四個國家的版權，福斯電影公司買下電影版權，而美國銷售量已超過三百萬冊。當然作品精彩是基本條件，但現今各類出版品多如繁星，如果沒有積極的行銷策略配合，好書也有可能成為遺珠之憾。

可凡此時已邁入青春期，個性變得較為害羞敏感，但仍在課餘勉力配合宣傳推廣活動，接受報章雜誌訪問、電視新聞採訪，還參加了侯佩岑主持的節目專訪。侯小姐很有親和力，特別提早到攝影棚和可凡聊天，瞭解背景、培養默契，讓可凡見識到主播的專業敬業，和帶動氣氛、隨機應變的機智反應。

知道可凡的人更多了，但她還是維持一貫的態度，靦腆、友善、謙

接受侯佩岑小姐專訪

虛。前一陣子我們從網路上得知，《夏綠蒂的網》和《龍騎士》都拍成了電影，而且預定上映的時間都是今年（二〇〇六）聖誕節的熱門檔期。蜘蛛夏綠蒂由影后朱莉亞羅伯茲配音，芬兒則是由當紅童星達柯塔・芬妮（Dakota Fanning）飾演。《龍騎士》的投資浩大，卡司陣容也很堅強，由奧斯卡影帝傑瑞米艾朗、約翰馬可維奇等大牌影星擔綱演出。

這兩本書風格迴異，原著出版時間相差五十年，幾乎風馬牛不相干；有意思的是竟然都由可凡這個業餘的小女孩翻譯，而且在同時拍成電影問世。可以想見，經過電影的傳播，知曉這兩個故事的人將會更多，看似不相干的故事，其實都包含了「愛」這個重要元素，而能夠打動人心、歷久不衰的核心價值，也正是這個神奇的字。

後記

家，一直是我最喜歡的地方

黃可凡

和媽媽相處的過程是充實豐富的，也是複雜的，個性上的差異有互補的效果，但也會造成衝突。

從小到大，媽媽對哥哥和我一直是非常開明的。不同於傳統的家長，她的思維和作法新穎前衛，甚至有時還嫌我古板！她的個性開朗熱情，具有敢講真話的道德勇氣，還有說到做到的行動力，這一直是我所羨慕、也想學習的。

從有記憶開始，印象中的媽媽就是永遠有源源不斷的妙點子，除了在生活上常給我們帶來驚喜，其他各種疑難雜症，當我們覺得創意枯竭時，只要和媽媽一起腦力激盪一番，都會獲得新奇又可行的靈感，在這樣的互動下，媽媽的引領著實啟發了一些我的見識，也使我對各種活動和學習都有很大的興趣。

課業以外，媽媽幾乎是走到哪都會分享她的觀察，提醒我們用心體驗生活中的各種大小事，也鼓勵我們發表自己的看法。我的個性較為內向，和爸爸一樣，不善於言語表達，也不喜歡面對陌生人，媽媽對此都會耐心開導，並製造許多機會讓我一再地磨練，增加膽識和自信。雖然到現在，我有時仍然我行我素，但也真的有了不少特別難忘的經驗，而這些都是成長的寶貴歷程。

可是從小到大，也難免會有衝突的時候，有時明知道媽媽的用心，卻偏偏不願意配合，因為有些事對她而言很簡單，例如和陌生人講話，或在不熟悉的環境中帶動氣氛，但對我而言卻是很恐怖的事。但媽媽有一個特點，她如果生氣，一下子就煙消雲散，沒多久還會對我說她自己的檢討心得，弄得我也不好意思再賭氣了。

爸爸沈穩內斂，在關鍵時刻都會有一些理性又有道理的分析，讓人佩服不已。爸爸對我們的付出也是全心全力、不求回報，只要是對我們好的事情，他都願意耗心耗力。爸爸對我和哥哥的功課是從來不要求的，除非我們主動請教，不然他也鮮少過問；我們都很慶幸能在這麼開放、自由的家庭裡成長。

我和哥哥相差四歲，小時候會打打鬧鬧也會一起玩耍合作，等我們稍稍成熟一些，哥哥的時間都分給了同學、朋友、課業、打球……，一直到他考上大學，我們才有較多聊天的機會。哥哥敦厚溫和，比較體貼、善解人意，在他到外地讀書以後，我們一家人也有了更強烈的凝聚力，瞭解到彼此在一起的時光是何其珍貴，體驗到了親情的溫暖和可愛。

我們四個人，也許每個人的個性皆不相同，有時也會有爭執，可是那份情感卻是安定、穩固、獨特、細膩又長遠的，有我的家人，一直是我覺得最幸福的事情，家，也一直是我最喜歡的地方。

（本文作者為滕怡光女兒）

高寶書版35週年慶，百位名人聯名同賀

2006年，謝謝您與我們一同慶生，許下「出版更多好書」的願望！

卜大中（蘋果日報總主筆）
丁予嘉（富邦金控首席經濟學家）
丁學文（中星資本董事）
王文華（作家）
王承惠（中華民國圖書發行協進會理事長）
王子云（台灣雅芳公司總經理）
王桂良（安法診所院長）
尹乃菁（節目主持人）
方蘭生（文化大學大眾傳播系教授）
平　雲（皇冠文化集團副社長）
江岷欽（台北大學公行系教授）
朱雲鵬（中央大學經濟系教授兼台灣中心主任暨作家）
何飛鵬（城邦出版集團首席執行長）
何　戎（節目主持人）
李家同（暨南大學資訊工程系教授）
李慶安（立法委員）
李永然（永然法律律師事務所律師）
汪用和（年代午報主播）
辛廣偉（中國出版研究所副所長）
周守訓（立法委員）
周行一（政治大學商管學院院長）
周正剛（金石堂圖書股份有限公司董事長）
周　璜（星空傳媒集團台灣分公司總經理）
范致豪（明志科技大學環境安全衛生室主任）
吳嘉璘（資訊傳真董事長）
柯志恩（作家）
林奇芬（smart智富月刊社長）
金玉梅（天下雜誌出版總編輯）
侯文詠（作家）
郎祖筠（春禾劇團團長）
馬英九（台北市長）
連勝文（國民黨中常委）
莫昭平（時報出版公司總經理）
郝譽翔（作家）
袁瓊瓊（作家）
郝明義（大塊文化出版股份有限公司董事長）
郝廣才（格林文化發行人）
夏韻芬（作家）
孫正華（時尚工作者）
秦綾謙（年代新聞主播）
張五岳（淡江大學中國大陸研究所教授）
張天立（博客來網路書店總經理）
張啓楷（節目主持人）
郭台強（中華民國工商建設研究會理事長）
郭重興（共和國文化社長）
郭昕洮（環宇電台台長）
葉怡蘭（美食生活作家）
崔慈芬（中國傳媒大學教授）
康文炳（30雜誌總編輯）
許勝雄（金寶電子工業股份有限公司董事長）
陳海茵（中天新聞主播）
陳孝萱（節目主持人）
陳　浩（中天電視台執行副總）
陳鳳馨（節目主持人）
陳樂融（節目主持人）
彭懷真（東海大學社會工作系副教授）
傅　娟（節目主持人）
董智森（節目主持人）
詹宏志（PC home Online網路家庭董事長）
楊仁烽（城邦出版控股集團營運長）
楊　樺（TVBS國際新聞中心主任）
詹仁雄（節目製作人）
賈永婕（藝人）
溫筱鴻（嘉裕股份有限公司大中華區總經理）
趙少康（飛碟電台董事長）
廖筱君（年代晚間新聞主播）
劉必榮（東吳大學政治系教授）
劉柏園（遊戲橘子總經理）
劉　謙（作家）
劉陳傳（住邦房屋總經理）
蔡惠子（勝達法律事務所律師）
蔡雪泥（功文文教機構總裁）
蔡詩萍（節目主持人）
賴士葆（立法委員）
盧郁佳（作家）
蕭碧華（聯傑財物顧問股份有限公司暨作家）
謝金河（今周刊社長）
謝瑞真（北京同仁堂台灣旗艦店總經理）
謝國樑（立法委員）
簡志宇（無名小站創辦人兼總經理）
聶　雲（節目主持人）
蘇拾平（城邦出版集團顧問）
蘭　萱（節目主持人）

——**近百位名人同慶賀！**（依姓氏筆劃排序）

高寶書版 35週年慶 百位名人同祝賀

風雨名山，金匱石室；深耕文化，再創新猷。 ——台北市長 馬英九

高寶書版，熱情創新，領航文化。 ——中國國民黨中常委 連勝文

高來高去，想像無限，寶裡寶氣，趣味無窮。 ——飛碟電台董事長 趙少康

圓滿的人生旅途中，最好有好書相伴，高寶給大家創意與力量！
——今周刊社長 謝金河

受人性的溫暖，照耀的出版公司。 ——蘋果日報總主筆 卜大中

高寶35歲了。我相信她會永續經營，所以這不算是上半場，只算是第一章。我祝福她，也進入一個新階段。用更多的好書，讓所有的讀者活得更快樂。
——作家 王文華

以華人的角度，國際的視野去感知世界。
——中國出版研究所副所長 辛廣偉

就像一個青壯人士，35歲的高寶將可在優異的基礎上更上層樓，為中文出版界們貢獻。
——政治大學商管學院院長 周行一

從修身到齊家、感性到理性、兩性到兩岸-高寶書版集團既是良師也是益友！
——淡江大學中國大陸研究所教授 張五岳

知識乃發展永續的源頭，而高寶三十五年來透過讓讀者讀好書，成功賦予了社會豐沛的成長動能。請繼續努力！
——中華民國工商建設研究會理事長 郭台強

未來有更多個三十五年，往高業績、高品質、高效率邁進。
——中央大學經濟系教授兼台灣中心主任暨作家 朱雲鵬

從高寶，我學到許多出版經營的方法，十分感謝！
——城邦出版集團首席執行長 何飛鵬

堅持出好書，成為受尊敬的出版社。——城邦出版控股集團營運長 楊仁烽

35歲，芳華正茂，祝希代更猛！更勇！ ——時報出版公司總經理 莫昭平祝

高寶集團發展開闊。　——大塊文化出版股份有限公司董事長 郝明義

耐心、用心、恆心，寶書豐盈。　——smart智富月刊社長 林奇芬

恭喜35歲的高寶，比新生兒還有生命力與創造力。
——天下雜誌出版總編輯 金玉梅

高居排行，讀者之寶。　——中華民國圖書發行協進會理事長 王承惠

祝高寶書版集團，博學的客人都來，與「博客來」共同順應時代巨輪大步邁進。
——博客來網路書店總經理 張天立

恭祝高寶集團，持續出版優質書籍。　——金石堂圖書股份有限公司 周正剛

高品質的書，永遠是我們心中的至寶。　——作家 侯文詠

願高寶為台灣帶來更多的文化創意，思考與心靈的活力。　——作家 郝譽翔

期待穩健成長，更上一層樓。　——聯傑財物顧問股份有限公司暨作家 蕭碧華

不是好書高寶不出。　—作家 劉謙

翰墨圖書，皆成鳳釆，往來談笑，盡是鴻儒；祝福高寶歡欣迎接下個三十五年！
——作家 夏韻芬

謝謝高寶書版的用心，讓好書成為我們的精神糧食。　——立法委員 李慶安

書語紛飛，潤澤心靈；閱讀悅讀，擁抱活泉。
——永然法律律師事務所律師 李永然

希望知識代代積累。　——星空傳媒集團台灣分公司總經理 周璜

出版柱石，蜚聲高寶。　——環宇電台台長 郭昕洮

年代好書，盡在高寶。　——中天新聞主播 陳海茵

閱讀就像陽光、空氣、水，是活著的基本要素，高寶書版集團帶給我們生活的樂趣，美好的閱讀經驗！　——節目主持人 尹乃菁

好讀書，讀好書是我單身生活的一大樂趣。「高寶書版集團」辛苦耕耘35年，灌溉出繁花似錦，結了我生活的好風景。　——節目主持人 蘭萱